당신에게, 파리

2016년 9월 10일 초판 1쇄 펴냄
2016년 9월 20일 초판 2쇄 펴냄

지은이	목수정
발행인	김산환
책임편집	윤소영
디자인	이아란
영업 마케팅	정용범
펴낸곳	꿈의지도
인쇄	다라니
종이	한서지업
주소	경기도 파주시 광인사길 217, 3층
전화	070-7535-9416
팩스	031-955-1530
홈페이지	www.dreammap.co.kr
출판등록	2009년 10월 12일 제82호

979-11-87496-03-8 13980

이 책의 판권은 지은이와 꿈의지도에 있습니다.
지은이와 꿈의지도 허락 없이는 어떠한 형태로도 이 책의 전부, 또는 일부를 이용할 수 없습니다.
※ 잘못된 책은 바꾸어 드립니다.

당신에게, 파리

목수정 지음

—— Paris, pour vous ——

꿈의지도

prologue ————————————

파리는 나의 첫 땅이었다.

태어나보니 부모님이 나를 낳아주신 그곳은 대한민국 경기도의 한 귀퉁이였지만, 다 자라, 일하고, 사랑하고, 아파하고, 질문하던 스물아홉의 여자가 온 마음으로 선택한 그 첫 땅. 그 땅에 발 딛자마자, 나는 삶을 그곳에 부려놓았다. 멀리서 바라보며, 욕망하고 탐색하고, 꿈꾸기도 전에. 그러지 않을 도리가 없었다.

이국에서의 삶은 하루도, 잠시도 쉴 틈을 주지 않고, 숨 가쁘게 굴러갔으니까. 말을 배우고, 베이비시팅을 하고, 마침내 대학을 다니며 비로소 내 질문들에 대한 답들을 거머쥐고 가슴 떨려하기도 했다. 그러다 문득 고개를 들면, 이 믿을 수 없이 아름다운 도시가 날 물끄러미 바라보고 있었다. 그 속의 한 점이 되어가는 나의 존재를 확인하며, 희열에 떨기도 했다.

일견, '낭만적'이란 한 단어로 축약할 수 있는 이 도시의 모든 풍경들은 혁명을 하고, 때론 전쟁의 어리석음에 휘말리며, 파업을 벌이던 이 사람들이, 그 뜨거운 사회적 투쟁의 결과물로 얻은 적나라한 자화상이다. 세상의 온갖 지적, 예술적 욕망에 들끓는 자들을 유혹하고 그들이 이 작은 도시에서 세계사의 모든 굴곡들에 진한 발걸음을 남기게 만든 원죄를 가진. 오스카 와일드와 이사도라 던컨, 짐 모리슨, 프레데릭 쇼팽을 나란히 한 곳에 잠들게 한 이 도시는 여전히 실존적 욕망에 몸을 떠는 자들을 멈추지 않고 불러들인다.

　　파리에 사는 동안 다섯 번 이사를 했다. 그때마다, 시큼털털한 냄새를 풍기는 이 도시의 골목 귀퉁이엔 내가 잠시 영혼을 의탁할 수 있는 카페가 있었고, 현대화의 유혹에 아무런 번민도 없이 수세기 동안 자리를 지켜온 사연 많은 건물들이 있었다. 과거가 어떤 역사의 변증법을 겪으며 현재 속에서 존재하는 지를 증명하는 그들은 우리의 미래를 얼마간 낙관할 수 있게 해주었고, 그 골목 귀퉁이를 거처로 살아가는 집시 가족의 대거 등장은 그 낙관에 심각한 균열을 가하기도 했다. 그러나 그런 와중에도 거리에 떨궈진 한 편의 시처럼 서 있는 꽃집들은 내 마음을 어김없이 빼앗아갔다.

　　이제는 나의 '거기'가 된 한국에서 이 화끈한 여름을 고스란히 보냈다. 왜 그렇게 파리에서는 테러가 많이 일어나는 거냐고, 만나는 사람들마다 물어왔다. 유럽에서 용암이 들끓을 때, 언제나 그것이 가장 먼저 분출하는 곳은 바로 파리였다. 불평등이 곳곳에서 사람의 목을 조르고 비명을 지르게 만드는 세상에 우린 살고 있고, 그렇다면, 언제 어디선가 화약이 불을 뿜게 되고 말리라는 것을 '여기' 사람들은 받아들인다. 우리가 해야 할 일은 더 많은 화약을 되돌려주는 것이 아니라, 용암을 들끓게 했던 바로 그 원인을 제거하는 것임을 서로에게 납득시켜가며, 파리 사람들은 이렇게 말한다. "어떤 일이 일어나야 한다면, 일어나겠지요. 그렇다 해도, 카페 테라스에 앉아 책 읽는 것을 멈출 수 없어요." 헤밍웨이는 '파리는 언제나 축제'라고 말했고, 테러가 평화를 헤집어놓은 바로 그 순간, 사람들은 그 말을 떠올렸다.

'여기' 모아놓은 장소들은 12년 동안의 파리 생활에서 마주친 위로와 떨림, 환희와 기쁨의 공간들이다. 긴 호흡으로, 파리란 도시를 둘러보고 싶은 사람들, 직접 내 발로 가지 않더라도, 머릿속으로 '거기'를 그리며 여행하고 싶으신 분들 앞에 드리고 싶다.

변신을 위해선 두 개의 세계가 필요하다. '여기'에서 건너갈 '저기'가. 변신을 꿈꾸는 분께, 당신의 '거기'를 선사한다.

2016년 8월 22일 목수정

contents

프롤로그

능선을 만날 수 있는 단 하나의 공원, 뷔트 쇼몽 *Les Buttes Chaumont*	010
여름 저녁의 가장 완벽한 산책로, 아르스날 항구 *Port de l'arsenal*	022
마레*Marais*에 나타난 현대판 보물창고, 메르씨 *Merci*	026
살아 있는 와인과 음식과 예술이 만나는 곳, 윌리스 와인 바 *Willi's Wine Bar*	030
마레 한복판에서 만나는 먹자골목, 붉은 아이들의 시장 *Marché des Enfants-Rouges*	034
파리에서 가장 역동적인 장의 대명사, 바스티유 장 *Marché Bastille*	038
파리지앵의 소소한 귀띔 1 파리에서 화장실 가는 법	044
이곳에 다시 와야 한다, 보쥬 광장 *Place des Vosges*	046
비드 그르니에 *Vide-grenier*, 다락방 비우기	064
길이 막히면 더 좋은, 29번 버스 여행	074
죽은 자들의 마을, 페르 라셰즈 *Père Lachaise*	082
비아뒥 데 자르 *Viaduc des Arts*와 하늘정원	096
마레*Marais*의 오아시스, 스웨덴 문화원과 조르쥬 깡 공원 *Square Georges-Cain*	100
파리지앵의 소소한 귀띔 2 두 배 더 행복한 여행을 보장하는 세 개의 단어	104
센 강으로 가는 가장 아름다운 길, 바르 가 *Rue des Barres*	106
라탱 구역 *Quartier Latin*에서 옛날 영화보기	111
현대무용의 성지가 된 곳, 테아트르 드 라 빌 *Théâtre de la Ville*	118
샤이오 극장 *Théâtre National de Chaillot*	124
뱅센 숲 *Bois de Vincennes*	126
갈색의 귀환, 유기농 카페 르 빵 코띠디앙 *Le Pain Quotidien*	132
파리지앵의 소소한 귀띔 3 파리에서 지하철과 버스 타는 법	138

한 템포 느린 호흡을 허락하는 동네, 빌라쥬 생 폴 *Village Saint-Paul* — 140
다중적 매력을 대표하는 거리, 오베르깜프 가 *Rue Oberkampf* — 144
센 강 위의 버스, 바토뷔스 *Batobus* — 154
파리의 가장 아름다운 동네, 생 쉴피스 *Saint-Sulpice* — 160
초월적 공간, 데홀 *Deyrolles* — 170
왜 파리의 꽃집들은 시적인가? — 175
파리지앵의 소소한 귀띔 4 가벼운 주머니로 파리 박물관 드나들기 — 186

루브르 박물관 그리고 카페 베를레 *Café Verlet* — 188
널린 게 박물관인 동네, 이에나 *Iéna* 역 — 196
유학생들의 낙원, 시테 유니베르시테 *Cité Universitaire* — 213
파리의 동대문 시장, 마르셰 생 피에르 *Marché Saint-Pierre* — 220
70유로짜리 자유, 나비고 카드 *Carte Navigo* — 228
포도주와 와인 숍 — 232
파리지앵의 소소한 귀띔 5 카페 — 240

빵, 프랑스 최고의 음식 — 242
파리의 집 없는 사람들 — 250
라 까흐투슈리 *La Cartoucherie* — 258
생 딴 거리 *Rue Sainte-Anne* — 264
69번 버스 — 269
갤러리 비비안 *Galerie Vivienne* — 280
파리지앵의 소소한 귀띔 6 소매치기 — 284

샹젤리제 뒷골목 산책 — 286
파리의 재즈거리, 롱바르 가 *Rue des Lombards* — 300
테러, 하나 — 305
테러, 둘 — 308

능선을 만날 수 있는 단 하나의 공원,
뷔트 쇼몽 *Les Buttes Chaumont*

파리에 없는 것 중 하나. 산이다.
 멍하니 앉아 창밖을 보면 먼 산을 보게 되는 한국에서와 달리, 여기서 바라보는 저 먼 곳의 끝엔 지평선이 있다. 산만 없는 게 아니라 능선도 없다. 그나마 높은 곳이라면 몽마르트 언덕 정도? 몽Mont이란 단어 자체가 산Montagne을 뜻한다. 지하철 계단을 오르락내리락 할 순 있지만 당최 자연스럽게 만들어진 능선은 찾아보기 힘들다. 이 동네 사람들은 도로 내는 것도 식은 죽 먹기였겠다 싶다. 터널 뚫을 일도, 고가도로를 만들 일도 없었을 터이니. 그래서 이곳 사람들의 어휘 속엔 인내니 고난이니 극기니 하는 말이 드물게 등장하는 것인지도 모른다. 이미 누군가가 거대한 발자국을 남겨 놓은 듯, 평평하게 만들어진 땅 위에 아스팔

트만 깔아주면 되는 편리를 숙명적으로 부여받은 사람들이다. 연 5주 유급휴가를 35년 전에 쟁취하고 휴식에 포커스를 맞추어 살아갈 수 있었던 지리학적 조건이었달까.

그러나, 오르내림이 없는 경치는 밋밋하다.

인생에 굴곡이 있다는 것을, 우린 살아 보기 전에 자연 속에서 미리 배운다. 힘겹게 가쁜 숨 몰아쉬며 산등성이를 오르고 나면, 비로소 산마루에 가닿고, 저 발아래 모든 인간사가 한 번의 너털웃음으로 날려 버릴 수 있는 부질없는 아귀다툼이었음을 안다. 그리고 시원한 산바람이 간질이는 머리칼 흩날리며 가벼워진 발걸음을 옮기는 순간이 온다는 것을. 얻는 게 있으면, 잃는 것도 있는 법이다.

가도 가도 굴곡이 없는 이 믿을 수 없이 평평한 땅에 처음 뚝 떨어졌을 때, 나는 밤마다 산을 찾아가는 꿈을 꾸었다. 항구도시에 살던 누군가는 파리에 처음 왔을 때, 날마다 파도 앞에 서 있는 꿈을 꾸었다는 것처럼. 내가 살던 경기도 부천 시의 한 작은 마을엔 앞 뒤 옆이 온통 산이었다. 산에 본부를 만들고, 거기 가서 진달래꽃, 아카시아꽃을 따먹으며, 가을엔 밤나무를 뒤흔들어 알밤을 까먹으며 자랐다. 오를 산이 없다는 건, 갑자기 살면서 언제든 돌아가 마음을 비빌 언덕을 잃어버리는 것과 같았다. 파리 17구, 뤼 데 담Rue des Dames (직역하면 여인의 거리이다. 왕년에 창녀들의 거리였을 것이 분명한)의 작은 다락방에서 7개월간 살다가, 뷔트 쇼몽이라는 능선을 가진 공원이 파리에 있다는 걸 알고 냉큼 이

사를 감행했다. 내 앞에 아일랜드 출신의 영어교사가 먼저 집을 보러 왔었고, 내 뒤로도 다섯 명의 세입 희망자들이 집주인과 면접을 보러 왔었다. (작지만 사람을 끊임없이 끌어들이는 파리라는 도시에서 피할 수 없는 현실이다. 입맛에 맞는 작은 아파트 세입자 되는 것은 일자리 구하는 것만큼이나 어렵다는 사실) 그런데 당당히 당첨! 나는 뷔트 쇼몽에서 2분 거리에 있는 이 아파트를 얼마나 경이롭게 생각하는지를 열정적으로 말했고, 그다음 날 집주인은 "네가 이 집을 너무 좋아하는 것 같아서"라며 나에게 당첨의 소식을 전해 왔다.

그렇게 나의 뷔트 쇼몽 시절은 시작되었다.

뷔트 쇼몽 정문 앞에 있는 아파트 꼭대기 층에 난 둥지를 틀었고, 거기서 남쪽으로 10분을 걸어가면 한국 설치미술 작가가, 공원의 북쪽 건너편 낮은 곳으로 10분을 가면 음악학Musicologie을 공부하는 또 한 사람의 친구가 살고 있었다. 설치미술 작가 한명옥 씨에게도 뷔트 쇼몽은 그 공원이 자신의 아들을 키워 주었다고 말할 만큼 각별한 공간이었다. 늦깎이 음악도에게도 공원은 번민에 휩싸이곤 하던 혼란의 시기에 마음을 착하게 다독여주는 언덕이었다. 30대, 40대, 50대의 한국여자 세 사람이 뷔트 쇼몽 근처에 살면서 주거니 받거니 정을 나누고 산책하면서 그렇게 한 시절을 보냈다.

넓은 호수와 그 속의 바위섬

뷔트 쇼몽이 있는 파리 19구는, 파리에서 상대적으로 소외된 지역으로 분류된다. 허나, 전 거주민으로서의 생각은, 명품 숍이나 트렌디한 레스토랑 따위가 없는 대신 인간적이고 수수한 분위기가 한 뼘 더 있으며, 구석구석 실속 있는 맛집, 매력적인 공방들, 가게들, 파리 어디에도 없는 능선을 가진 공원까지 갖춘 사랑스런 동네다. 골목에서 바바리맨(세상 어디에도 바바리맨은 존재한다!)을 한 번 마주친 것 말고는, 별다른 사고나 불쾌한 사건 없이 잔잔하게 그곳에서 2년을 보냈다.

파리의 대규모 공원들이 주로 왕족과 귀족들을 위해서 만들어진 것과 달리, 뷔트 쇼몽은 소박한 동네이니 만큼 다소 쇼킹한 과거를 갖고 있다. 공원으로 탈바꿈하기 전, 이곳은 파리에 지을 건물들을 위한 돌을 채굴하는 채석장으로, 그 후엔 쓰레기하치장으로 쓰였던 곳이다.

이 거친 땅을 공원으로 탈바꿈시키고자 한 사람은 뜻밖에도 나폴레옹 3세(1808-1873)였다. 우리가 아는 그 유명한 나폴레옹의 조카인 그는 공화국으로 탈바꿈한 프랑스에서 대통령으로 당선되었으나 4년이라는 임기에 만족할 수 없어, 쿠데타를 일으키고 황제에 즉위한다. 나폴레옹 1세처럼. 조선이 프랑스와 병인양요(1866)라는 전쟁을 치렀던 때도 바로 나폴레옹 3세 때 일이었다. 그가 프로이센과 일으킨 전쟁에서 굴욕적으로 항복한 것에 저항하며 민중들이 4개월간 파리를 장악했던 파리 코뮌(1871) 또한 바로 그 시절에 일어난 사건이다. 나폴레옹 3세는 부정적 이미지를 압도적으로 갖고 있는 인물이지만, 뷔트 쇼몽을 세상에 남겨놓고 간 사실만은 잘한 일이었다.

나폴레옹 3세는 파리의 도시설계를 개편하면서 이곳을 공원으로 만드는 작업을 엔지니어 쟝 샤를르 알팡드 Jean-Charles Alphand에게 맡겼고, 1천 명이 넘는 인부가 3년간 피와 땀을 쏟은 끝에, 1867년 만국박람회와 때를 같이하여 이 공원은 일반인에게 공개되었다. 파리의 400개가 넘는 공원들 중, 왕실의 공원이던 튈르리 공원에 이어 뷔트 쇼몽은 두 번째로 큰 파리의 공원으로 이름을 올리게 된다. 룩셈부르크 공원이나 튈르리 공원 같은 질서정연하고 인공적인 프랑스식 공원과는 정반대 개념의 공원인 뷔트 쇼몽은 '영국식&중국식 정원'의 진화한 형태로 일컬어진다. 프랑스식 공원에서처럼 강박적으로 반듯하게 잘라낸 나무는 뷔트 쇼몽 공원에선 찾아볼 수 없다. 나무들 속에 내재한, 그들의 삶이 뻗어내는 가지들의 그 기교한 개성을 충분히 존중하는 이 정원의 배치에선 자연주의자 장 자크 루소의 영향도 발견된다.

공원 중앙엔 넓은 호수가 있고, 호수 한가운데엔 인공 바위와 자연산 바위들이 함께 어우러진 뾰족한 바위섬이 있다. 섬의 꼭대기에 정자가 우뚝 솟아 있는데, 이는 로마에 있는 사원 티볼리를 본떠 만든 시빌 Sybille 사원이다. 그 정자를 향해 울퉁불퉁한 바위산을 오르는 재미가 제법 있다. 바위산 아래로는 32미터 높이의 웅장한 인공 폭포가 흐르고, 아찔하게 공중에 떠 있는, 섬과 육지를 연결하는 65미터 길이의 다리를 건너노라면 설악산의 구름다리처럼 출렁인다. 에펠탑을 설계한 구스타프

에펠이 설계한 다리라니, 뭐 의심 않고 건너긴 했다만. 다리 아래로 펼쳐진 넓은 호수 위엔 백조, 오리들이 한가로이 노닐고 있고, 그밖에도 수많은 새들이 도심 속의 이 흐드러진 녹지에 둥지를 틀고 살고 있다. 굴곡진 언덕 위엔 기괴하게 누워 자라는 전나무며, 아메리카산 쥐엄나무, 떡갈나무, 은행나무, 시베리아산 느릅나무, 레바논산 삼나무 등이 지구 곳곳에서 이곳으로 이주되어 백여 년간 뿌리를 뻗고 자기자리를 지키고 있다. 이들은 공원을 찾는 사람들의 산보를 조용히 동반해 주는 아름답고 듬직한 공원의 터줏대감들이다.

  공원 안엔 레스토랑, 운치 있는 카페, 프랑스인들의 국민간식 크레프나 놀러 나온 아이들을 현혹하는 솜사탕, 핫도그 같은 간식을 사먹을 수 있는 스낵 코너도 있다. 주말과 수요일 오후엔 아이들을 위한 마리오네트 공연이 열리기도 한다.

뷔트 쇼몽 옆에서 산다는 건

  능선을 가진 우아한 공원 옆에 산다는 건, 말없이 푸근하게 내 얘길 들어주는 현자를 이웃에 둔 것과 비슷하다. 약속하지 않아도, 만나러 가면 반가운 얼굴로 날 맞아주는 벗이 거기에 있는 것이다. 볕이 좋은 날이면 언제든 공원을 거닐며 인간과 자연이 함께 만들어놓은 풍경이 내게 건네는 위로를 받았다. 주말 아침, 서양인들과 동양인들이 모여 태극권을 하고 있는 모습, 연극이나 곡예 연습을 하고 있는 청년들, 샌드위치와 와인, 과일을 담은 바구니를 들고 나와 피크닉을 즐기는 사람들을 보며, 저마다 자신의 삶의 일부를 공원에 의탁하고 달콤한 삶의 한 조각을 얻어오는 사람들 속에서 내 모습을 찾을 수 있었다. 그들은 나와 같았고, 나는 그들과 같았다. 우린 모두 공원이 품어주는 아이들이었다.

날 좋은 주말이면 공원에서 흔히 볼 수 있는 광경이 결혼식 야외 촬영이다. 이상하게도, 야외촬영을 하는 커플들은 대부분 유태인들이나 중국인들이다. 마치 프랑스에선 이 사람들만 결혼식을 하기라도 하는 것처럼. 물론 프랑스인들도 결혼을 하긴 하지만 결혼식에 상당한 의미를 부여하고, 결혼식이 공동체의 결속에 중요한 계기를 제공하면서 성대한 식을 치르는 전통을 갖는 건 몇몇 이민사회의 특징이기도 하다.

한번은 아파트를 함께 나눠 쓰던 친구가 추석이니 송편을 빚겠다고 팔을 걷어붙이고, 내게 공원에 가서 솔잎을 따오라고 시켰다. 난생 처음 빚어보는 송편이 파리에서 일 줄 누가 알았으랴. 기막힌 손맛을 자랑하는 내 룸메가 만들어줄 송편에 눈이 어두워, 내겐 비교적 간단한 미션만 주어진 사실을 내심 기뻐하며 공원에 가서 소나무에 손을 뻗는다. 그러나 순간 이것이 허락되는 일인지 의심스럽고, 문득 사람들의 시선이 무서웠다. 여기서 바구니 가득 솔잎을 따고 있다간, 아시아인 전체에게 욕 먹이는 일일 것만 같았다. 소심한 나, 결국 한 손에 쥘 만큼만 간신히 따서 들고 갔고, 룸메가 보내는 변변찮은 협력자에 대한 눈초리를 감수해야 했다. 그날 이후, 송편 빚는 얘기만 나오면, 솔잎은 어디서 마련하나부터 생각하는 강박을 갖게 되었다.

파비옹 뒤 락 Pavillon du Lac

공원 안에는 두 개의 레스토랑이 있는데, 그중에서 북쪽, 낮은 지대의 출입구 로미에르Laumière역 쪽으로 들어가 오른쪽으로 걷다 보면 만날 수 있는 게 파비옹 뒤 락이다. 10여 년간 방치되어 있다가 새 주인을 만나 다시 문을 연 것이 2010년. 그때부터 공원 안에 있던 변변찮아 보이던 레스토랑은 파리지앵들의 사랑을 듬뿍 받는 숲 속의 소문난 맛집으로 거듭나기 시작했다. 공원엔 도시락 싸가지고 가서 잔디밭에서 피크닉을 즐기는 게 제격일 터이지만, 풀내음, 새소리 속에 둘러싸여 근사한 식사를 즐기는 일 또한 즐거운 일이다. 가격은 제법 비싼 편이다. 본식에 디저트 하나를 먹으려면 30유로 이상은 각오해야 한다. 그러나 가격 대비 만족도는 높다. 볕이 좋은 주말이면 예약하지 않고 갈 수 없을 정도. 일요일 아침에는 브런치를 판매하기도 한다.

일곱 번째 연애가 시작된 곳

　초여름 문턱에 막 다가서던 어느 맑은 토요일, 뷔트 쇼몽을 걷다가, 빈 벤치가 눈에 띄어 앉았다. 그때 한 남자가 나와 거의 동시에 나처럼 그 빈 벤치를 향해 다가와 앉았다. 두 사람은 약간의 사이를 두고 벤치 양끝에 나란히 앉게 되었다. 그는 『카라마조프가의 형제들』을, 나는 자크 프레베르Jacques Prévert의 시집을 읽고 있었다. 맑은 인상의 그 남자가 읽는 책의 제목을 곁눈으로 확인하곤, 저런 남자는 어떤 직업을 갖고 있을까 하는 지극히 건강한(!!) 궁금증이 머릿속에서 간질거린 지 2분 남짓, 그가 내게 말을 걸었다. 아마도 나와 거의 똑같은 질문이 그의 머리를 간질거렸던 듯. 그리고 잠시 대화가 이어졌다. 그의 직업은 나의 아버지의 그것과 같은 교사. 취미는 탁구. 그 역시 내 아비의 그것과 같았다. "그렇구나"가 몇 분 뒤에 "그렇다면"으로 바뀌어가고 있었다. 함께 좀 걷다가, 간단한 베트남 국수로 점심을 먹고, 영화를 보고, 아랍 카페에 가서 달짝지근한 민트차를 마셨는데, 그때 내 곁에 바짝 붙어 앉은 그의 목덜미에서 옅은 향수냄새가 풍겼고, 그 향기에 내가 잠시 넋을 놓는 순간을 그가 포착하면서, 나의 일곱 번째 연애가 시작되었다.

　파리에서 지내는 동안, 굽이치는 능선이 그리울 때, 정통 프랑스식 정원의 살벌한 인공미에서 벗어나 제멋대로 굽이굽이 뻗은 가지들의 우아한 곡선들을 만나고 싶을 때, 뷔트 쇼몽으로 발걸음을 옮겨보시라.

info

찾아가는 법 뷔트 쇼몽으로 가는 길은 여러 가지다.

1. 지하철 5호선 로미에르Laumière역에서 내려 에비뉴 드 로미에르Avenue de Laumière를 따라 5분 정도 걸으면 북쪽의 낮은 지대 쪽 출입구를 만날 수 있다.

2. 지하철 7bis선은 7호선에서 작게 곁가지를 친 짧은 순환선이다. 7호선 루이 블랑Louis Blanc역에서 내리면 7bis선으로 연결되는데, 이 선을 타고 보차리스Botzaris 혹은 뷔트 쇼몽Buttes Chaumont에서 내리면 코앞에 공원이 있다. 특히 보차리스Botzaris역에서 내려서 만나는 문은 메인 출입구여서 거기서 공원 산책을 시작하는 게 제일 좋다. 아래로 펼쳐진 공원의 모든 풍경을 한 눈에 조망할 수 있다.

3. 지하철 11호선 피레네Pyrénées 혹은 쥬르당Jourdain역에서 내려서 그 두 역의 중간지점에 있는 뤼 드 라 빌레트Rue de la Villette를 따라 끝까지 걸어도, 보차리스Bozaris가의 메인 출입구를 만날 수 있다. 8분 정도 걸으면 되는데, 내가 살았던 거리가 바로 뤼 드 라 빌레트Rue de la Villette라서 난 항상 이 길을 통해 공원엘 가곤 했다.

4. 파비옹 뒤 락Pavillon du Lac은 5호선 로미에르Laumière역에서 하차, 애비뉴 드 로미에르Avenue de Laumière를 따라 걸으면 나오는 공원 입구에서 우회전.

여름 저녁의 가장 완벽한 산책로, 아르스날 항구 *Port de l'arsenal*

지하철 1호선을 타고 뱅센 성Château de Vincennes 방향으로 가다가 바스티유Bastille역에 내려보시기 바란다. 지하철은 지상으로 올라와 있을 뿐 아니라, 눈앞으로 물 위에 정박해 있는 한 무리의 배들이 펼쳐진다. 센 강 위에 떠 있는 지하철역(?)은 아니다. 거기 흐르고 있는 것은 센 강이 아니라 운하이고, 눈앞에 펼쳐진 그곳은 생 마르땅 운하와 센 강이 만나는 교차점, 아르스날 항구다. 눈앞에 보이는 그 항구에 발을 딛고 싶으신가? 부르댕 가Boulevard Bourdon 출구 혹은 오페라 바스티유Opéra Bastille 출구로 나오시면 된다.

항구에 발을 딛는 순간, 바스티유 광장의 번잡함은 물러나고 향기로운 꽃 냄새, 정원의 작은 연못을 한가로이 거니는 물고기, 항구를 오가는 갈매기들이 오가는 작은 파라다이스가 열린다. 해질 무렵, 배 위에서는 바비큐 파티를 하는 사람들의 자잘한 웃음소리가 들리고, 옆으로 길게 뻗은 정원에선 청년들이 기타를 둥둥거린다. 아이는 조그만 놀이터에서 정신 없이 놀고, 산책 나온 고양이들을 쫓아다니기도 한다. 여기 정박한 배들은 주거용인 동시에 언제든 어디로든 떠날 수 있는 '진짜' 배들이다. 저 배들을 타고 어디로든 항해하는 꿈을 꾸며, 망연히 잔디에 몸을 누이고 물가에서 쉴 수도 있지만, 잠시 목을 축이고 싶으면 항구에 있는 음식점 〈그랑 블루〉의 테라스에 앉아 빠나셰(Panaché, 레몬에이드와 맥주를 섞어 만든 칵테일)로 목을 축일 수도 있다. 명색이 항구에 있는 음식점이라 해산물이 주 메뉴다. 어찌된 일인지 이곳 종업원들은 친절한 법이 없다. 메뉴판을 가져오지 않는 경우도 많다. 그러나 빠나셰 한 잔을 주문하고 갖다주면 마시고, 돈 내는 그 단순한 과정에서 어쩐지 행복해 보이지 않는 종업원들의 태도가 기분 좋은 마음을 방해하지는 못한다. 공간이 주는 압도적인 쾌적함 때문이다.

그 근처에 살던 시절, 우리 가족은 저녁식사를 마치고 한 바퀴 아르스날 항구를 돌곤 했다. 바스티유 오페라 맞은편 출구로 죽 따라 내려가, 그랑 블루에서 맥주로 목을 축인 후, 운하를 가로지르는 구름다리를 건너, 부르댕 가를 따라 집으로 돌아오는 코스였다. 부르댕 가를 따라 남쪽으로 더 내려가면 센 강변으로 이어진다. 이사도라 던컨이 자신의 두 아이를 잃어버렸던 바로 그곳. 아이들이 익사한 그 자리를 뚫어지도록 바라보며 그 속으로 빠져들기를 희구하던 그녀. 지루하던 세상에 맨발로 서서 자신의 춤을 추던 그녀가 감당해야 했던 세상에서의 환희와 고난들에 대한 생각이 매번 그 산책길의 마지막을 따라왔다.

아르스날 항구에서 누릴 수 있는 또 하나의 즐거움은, 운하를 오고가는 유람선 까노라마Canauxrama를 타고, 생 마르땅 운하를 거슬러 올라가는 놀라운 항해를 경험해 보는 일이다. 생 마르땅 운하를 타고 올라가는 까노라마에 몸을 싣고, 운하를 거슬러 올라가면, 바토무슈를 타고 센 강을 가를 때와는 완전히 다른 파리가 거기에 있다. 영화『아멜리에』의 주인공이 제비추리를 하던 물가의 조금은 허름하고 정감 있는 생 마르땅 운하 길은 점점 트렌디한 동네로 변모하는 중이다.

info
찾아가는 법 블러바드 드 라 바스티유Boulevard de la Bastille, 지하철 1, 5, 8호선 바스티유Bastille역

마레 *Marais* 에 나타난 현대판 보물창고, 메르씨 *Merci*

　　마레에 살던 시절, 아침산책을 하다가 갑자기 하루아침에 나타난 〈메르씨 *Merci*〉를 처음 발견했을 때, 마술램프의 요정 지니가 주문을 받아 보물창고를 통째로 들어다 놓은 것 같은 상상이 머리를 스쳤다. 생긴 지 7년 남짓, 그 사이 메르씨는 빠른 입소문을 타고 세상 구석구석에 자신의 존재를 전하여, 이젠 일본이나 한국에서도 메르씨를 찾아오는 사람들의 발길이 잦아졌지만, 마레 한 귀퉁이에 불현듯 나타난 현대판 보물창고의 매력은 끝없이 재생산 중이다.

　　메르씨에 첫 발을 디디면, 천정 끝까지 책이 가득 꽂힌 긴 서가가 먼저 눈에 들어온다. 그리고 높이 걸린 모던한 램프들, 프로방스 풍의 빛바랜 나무 바닥, 여기저기서 누군가 수십 년간 정성스럽게 사 모은 듯한 사연 많은 빈티지 테이블과 탁자들…. 보는 순간 탄성이 절로 나오는 꿈의 북 카페가 거기 있다. 1만4천 권에 이르는 장서들은 모두 중고 책이어서, 읽을 수 있을 뿐 아니라 살 수도 있다. 가격은 2~20유로. 얇은 포켓북에서부터 저자 사인본의 희귀도서, 두꺼운 화집들까지 그 종류는 경계를 모른다. 종이처럼 얇은 유리잔에 담겨, 작게 썰린 케이크 조각들과 함께 나오는 커피 맛도 그럴듯하다.

커피를 마시고, 슬쩍 남의 서재를 구경하는 기분으로 이 공간을 기웃거리며 안쪽으로 들어가면, 거기 거대한 보물창고가 있다. 유리로 덮인 높은 천정에선 빛이 쏟아져 내리고, 그 아랜, 언제나 시선을 단박에 잡아끄는 물건들이 갓 잡아 올려 파닥이는 생선처럼 신선하게 놓여 있다. 현대미술 전시장을 연상케 하는 대범한 오브제들과 그에 걸맞은 기발한 설치들. 허클베리 핀이 타다 미시시피 강에 던져 놓은 듯한 작은 배에서부터, 슈퍼마켓에서 주는 비닐봉지 꽁다리를 압축해 만든 펑크스타일의 코사지, 갱지로 만든 종이봉투까지. 봉투에는 "여기에 당신의 희망, 신뢰, 아이디어, 욕망, 잠옷, 접시, 우정, 관심, 바지 등을 담을 수 있다"고 진지하게 쓰여 있다. 허무 개그 같기도 하고, 장난스런 천재가 계속 만들어내는 듯한 갖가지 기발한 물건들이 곳곳에서 사람의 혼을 살짝 빼놓는다. 저명한 디자이너의 옷과 쓰레기를 재활용한 액세서리가 뒤섞인 이 폭넓은 취향은 '서로 다른 세계가 만나게' 하려는 창업자의 의도란다.

한 발자국 더 들어가면, 빈티지와 스텔라 맥카트니 같은 유명 디자이너들의 상품이 뒤섞여 있는 옷 코너, 기가 찬 아이디어와 상상을 초월하는 재료들로 보는 즐거움과 더불어 소유하기엔 너무 멀리 있어 안타까움을 주는 가구 코너가 나온다. 지하엔 교태와 재치를 담은 흥미진진한 주방용품들이 있고, 샐러드를 위주의 가벼운 식사가 나오는 카페테리아가 아찔한 아름다움을 뽐내는 녹색정원을 창 너머에 끼고 있다. 메르씨의 가장 놀라운 점은, 1500제곱미터에 달하는 이 넓은 매장에서 나오는 수익의 100%가 아프리카의 어린이들을 돕는 데 쓰인다는 사실이다.

창업자 마리 프랑스 코엔Marie-France Cohen은 고급아동복 봉 뿌앙 Bon Point의 창업주이기도 하다. 봉 뿌앙을 팔고 편안한 노후를 보낼 수도 있었으나, 은퇴할 나이 60에 이르러 이토록 즐겁고 풍요로운 나날들을 자신에게 베풀어준 스스로의 삶에 감사하는 마음에서 〈메르씨Merci〉를 열기로 했단다. 그녀가 말했듯이, '폭넓고, 놀라우며, 누구든지 접근할 수 있는' 파리의 새 보물상자 메르씨. 그래서인지 직원들도 대부분 친절하다. 특히 북 카페의 책임자인 숏커트한 은빛 머리칼을 가진 여인은 주문을 받을 때, "무엇이 당신을 기쁘게 할 수 있을까요?"하고 묻는다. 그 순간 과연 내가 뭘 마시고 먹으면 더 즐거워질까, 새삼 다시 고민하게 된다. '고맙다'는 말은 인생을 쉽고 즐겁게 만드는 가장 핵심적인 키워드란 사실을 이 카페는 전파하고 싶었던 걸까. 맛난 커피와 다양한 책들을 멋진 공간에서 즐길 수 있다는 점에서 고맙고, 세상에 이렇게 근사하지만 얄궂게도 비싼 가구가 있다는 걸 알아서 놀랍기도 한 곳이다.

info

주소 111, Boulevard Beaumarchais 75003 Paris

찾아가는 법 지하철 8호선 생 세바스티엥 프루아사르Saint-Sébastien-Froissart역에서 나와 뒤돌아서 20미터.

운영시간 월~토 10:00~19:00, 일 11:00~18:00

살아 있는 와인과 음식과 예술이 만나는 곳, 윌리스 와인 바 *Willi's Wine Bar*

파리 8대학에 다니던 시절, 희곡 『고도를 기다리며』의 원서를 도서관에서 찾아 헤맨 적이 있었다. 당연히 영문학 코너에 꽂혀 있을 줄 알았던 『고도를 기다리며』를 결국 발견한 곳은 불문학 코너. 아일랜드 출신 작가 사무엘 베케트는 자신의 모국어가 아닌 불어로 『고도를 기다리며』를 써서 연극사에 영원히 남을 걸작을 남기고, 노벨문학상까지 거머쥐었던 것이다.

그때의 그 강렬한 기억은 내게 두 개의 문화를 길들여 새롭게 변주해내는 일에 무한한 매력을 느끼게 했다. 그래서일까. 파리에서 가장 놀라운 포도주를 맛볼 수 있는 와인 바의 주인이 20대에 파리로 건너온 영국인이란 사실을 알았을 때, 난 그 와인 바를 열 배쯤 더 신성화시킬 수 있었던 것 같다. 작가 르 클레지오와 배우 로버트 레드포드를 절묘하게 섞어 빚어놓은 듯한 이 영국남자는 중년의 신사라기보단, 곱게 세월을 보낸 나이든 청년 같다. 이 주인을 보면, 이곳에서 맛보는 포도주와 음식들이 왜 이토록 싱그럽고, 감미로운 건지가 금방 설득된다. 주인이 딱 그러니까.

이 기막힌 와인 바를 만났던 날, 실은 친구와 함께 가장 싸게 한국음식을 먹을 수 있는 한국도시락 집엘 가던 길이었다. 도시락 집으로 가는 길목에 있던 이 와인 바의 점심메뉴가 순간 눈에 들어오고, 삼천포로 빠지는 걸 즐기는 체질상, 초심을 까맣게 잊고 들어가 버리고 만다. 2시 28분. 2분 안에 주문을 해야 먹을 수 있다는 말에 30초 만에 가까스로 주문에 슬라이딩하고, 그제야 이 와인 바를 천천히 들여다보았다. 벽을 가득 채우고 있는 건, 와인을 주제로 한 포스터들. 1983년부터 매년 이 집 주인은 당대 예술가들에게 와인을 주제로 한 포스터를 주문해 왔던 것이다. 순간 이 와인 바의 매력은 다시 열 배로 증폭된다. 와인에 대한 사랑이 넘쳐흐르는 포스터를 들여다보며, 이 재미난 의식에 얽힌 이야기들을 상상하는 즐거움! 이윽고 맛본 전식과 본식. 급하게 정한 네 가지 음식 모두가 하나 같이 별 다섯 개였다. 게다가 함께 곁들여 마신 포도주는 우리를 완전히 달나라로 보내 버렸다.

프랑스 요리와 사랑에 빠진 젊은 요리사였던 주인이 스물다섯에 파리에 건너와 와인의 세계에 입문하고, '왜 최고급 식당에서만 지상에서 가장 훌륭한 와인을 맛볼 수 있는가?'라는 담대한 질문을 던지면서, 이 와인 바를 열었던 게 1980년이다.

　　직관과 순간의 필링으로 요리하는 주방장 프랑수와는 20년째 함께 일해 왔고 대부분의 식재료들은 30년째 산지로부터 직송된다. 요리의 차원이 다를 수밖에. 요리도, 와인도, 포스터도 살아 있는 느낌을 주는 것을 좋아한다는 주인의 말처럼 그곳에서 만난 모든 것들이 생동하는 감동을 준다. 한 예술가에 의해 하나의 포스터가 완성되면 저자 사인본 100부를 포함, 2천 부씩의 포스터를 인쇄하고, 손님들에게 판매한다. 이 집의 메뉴판을 펼치면 첫 페이지에 포스터의 가격표가 나온다. 그동안 쌓인 포스터들이 자신의 침대 밑에 차곡차곡 쌓여가는 중이지만, 매년 새로운 포스터 주문을 멈출 생각은 없다.

　　와인 바에 앉아 잔을 기울이노라면, 문 앞에 외규장각 도서가 100여 년간 숨죽이고 있던 바로 그 프랑스 국립도서관이 보인다. 바로 저 곳에 갇혀 있다가 제 나라로 돌아간 그 책들을 생각하며 다시 한 모금을 더 기울인다. 파리에 와서 단 한 잔의 황홀한 포도주를 마시고 싶다면, 윌리스 와인 바에서. 향그러운 와인을 찾는다면 과일향이 몽글몽글 만져지는 듯한, 여자가 만든 와인 말라가 Malaga, 깊숙한 맛을 즐기고 싶다면 붉은 생 조셉 Saint-Joseph을.

info

주소 13, Rue des Petits Champs 75001 Paris
찾아가는 법 지하철 7, 14호선 피라미드 Pyramides역, 3호선 부르스 Bourse역
운영시간 12:00~24:00 (일 휴무)

당신에게, 파리

마레 한복판에서 만나는 먹자골목, 붉은 아이들의 시장 *Marché des Enfants-Rouges*

　　마레 한복판에 숨어 있는 작은 시장. 보기완 달리 1615년에 문을 연 파리에서 가장 오래된 시장이다. 보통 시장답게 청과물도 팔고 해물도 팔지만, 이 시장이 갖고 있는 가장 큰 매력은 우리나라 시장통처럼 긴 나무 의자에서 다닥다닥 엉덩이를 붙이고 앉아, 싸고 맛난 음식을 맛볼 수 있는 식당들이다. 이탈리아, 레바논, 일본, 모로코를 비롯하여 정통 프랑스 음식까지, 여러 나라의 음식을 맛볼 수 있다. 일본 식당과 이탈리아 식당이 가장 먼저 자리가 차는 걸로 보아, 이 두 곳이 이 시장통의 넘버 원과 넘버 투 되시겠다.

　　파리의 일본 음식점들의 95퍼센트가 중국인들이 대충 말아서 파는 스시와 꼬치구이점인데 반해, 여기선 음식에 대한 열정으로 똘똘 뭉

친 깐깐한 일본여자 주인이 직접 셰프가 되어 프랑스에서 나는 신선한 재료들로, 소위 일본가정식 요리로 갖가지 도시락을 만들어낸다. 프랑스 재료들을 가지고 하다 보니, 자연스럽게 프랑스적 터치가 가미된 일본 도시락이 나오는데, 패션 크리에이터들이 밀집된 이 동네에서 가장 인기 있는 밥집이 되기에 충분할 만큼 매력적이다. 갖가지 정갈한 맛의 도시락들은 물론, 녹차가루가 잔뜩 들어간 케이크며 녹차, 단팥, 참깨 아이스크림까지 어느 것 하나 모자람이 없다. 유일한 단점이라면 인기가 너무 많아 다소 끼여 앉아야 하고, 1시쯤 가면 15분 정도는 줄을 서서 기다려야 한다는 점. 프랑스 사람들은 또 얼마든지 끈기 있게 기다려 준다. 용케 자리를 차지했다 해도 기다리는 사람들 보면서 맘 편히 먹기 힘들어 금방 자리를 비켜 주어야 한다는 점도 이 집이 갖고 있는 단점에 속한다. 여기에 친구들을 데려가면, 인종을 불문하고 하나같이 꺅!! 열광적인 반응이다. 부르타뉴 가에 있는 대형서점 뒤에 숨어 있어서 아는 사람만 아는, 숨은 보석이라 할 만하다. 바로 옆집, 이탈리아 식당, 건너편 모로코 식당도, 서인도 제도의 뜨거운 열기를 느끼게 하는 크레올 식당도 제대로 된 맛을 내는 집으로 소문이 자자하다. 평범한 개인들의 오래된 앨범에서 나온 인물사진들을 파는 신기한 사진가게도 있다.

17세기 초에 지어진 유서 깊은 이 시장에 붉은 아이들이란 이름이 붙은 것은, 시장 옆에 있던 고아원 때문이었다. 고아원 아이들을 외출시킬 때, 눈에 잘 띄어 더 많은 동정을 받게 하려고 붉은 옷을 입혔던 데서

유래된 이름이다. 한때, 이 시장을 허물고 현대식 건물을 지을 계획을 시당국에서 갖고 있었으나, 주민들의 강력한 반대(서명운동, 집회, 탄원서 등)로 6년간 폐쇄되었던 시장은 2000년 다시 되살아났다. 현대에 남겨진 모든 아름다운 옛 것들엔 그것을 지키려 했던 숨겨진 노력들이 언제나 있는 법이다.

info

주소 39, Rue de Bretagne 75003 Paris
찾아가는 법 지하철 3, 5, 8, 9호선 레퓌블리크République역, 3호선 템플Temple역
운영시간 화~토 08:30~20:30, 일 08:30~18:00 (월 휴무)

파리에서 가장 역동적인 장의 대명사, 바스티유 장 *Marché Bastille*

파리에는(실은 프랑스 전역에서) 동네마다 일주일에 두 번 정도 장이 선다. 그중에서도 바스티유 장은 파리에서 가장 역동적인 장의 대명사로 꼽힌다. 목요일과 일요일 아침 7시부터 오후 2시 반까지 서는 이 장에는 없는 거 빼고 다 있다. 생선장사, 과일장사, 방물장사, 빵장사는 기본. 아프리카의 수공예 조각품장사, 전 세계 신문을 다 모아놓고 파는 신문장사, 향신료장사, 치즈장사, 꽃장사로 700미터 남짓한 길에 세 겹으로 길게 늘어선 장사들은 아침부터 사람들의 마음에 흥을 불어넣는다.

금붕어를 담은 물병을 이마 위에 놓고, 두 손으론 꼬마 관객들에게 풍선을 불어 선사하는 거리의 광대가 있는가 하면, 철이 바뀔 때마다 들에서 가장 먼저 피어나는 꽃을 따서 파는 집시 소녀들도 있다. 선거철

당신에게, 파리

이나 중요한 사회적 투쟁의 이슈가 있을 때면, 장에서 각 정당이나 노조의 활동가들이 시민들을 만나기 가장 좋은 곳도 바로 장이다. 한국에서 선거철이면 똑같은 옷과 모자차림으로, 손가락으론 입후보자의 번호를 가리키고 인사하는 운동원들을 지하철역 입구에서 만날 수 있다면, 여기에선 정당의 활동가들이 전단을 나눠주며 지나가는 사람들과 토론을 벌인다. 반대 입장에 서 있는 사람들이 이들에게 문제제기를 하기도 하고, 평소 각 정당들에 대해 궁금하게 생각하던 것들을 물어보기 위해 멈춰선 시민들은 이 활동가들과 줄곧 논쟁을 벌이며, 활동가들도 당연히 그것을 기다린다. 논쟁이 길어져도, 신기하게도 싸우거나 시비 거는 사람은 없다. 의견이 형편없이 틀린 걸 확인해도 웃고 손 흔들며 지나간다.

산지에서 직송한 신선한 식품들을 살 수 있다는 매력 외에도, 시끌벅적한 분위기 속에서 나른한 일요일 아침잠을 깨우며, 장보러 나온 동네 사람들과 인사를 나누고 활력을 충전하는 곳이 바로 장이기도 하다. 엄청나게 큰 무쇠 프라이팬에 야채와 해물, 샤프란 향이 밴 밥을 섞어 만든 빠에야, 레바논 샌드위치, 베트남 만두, 아프리카식 튀김요리, 미스터리한 소스를 끼얹은 사슴고기까지. 즉석에서 만들어 파는 시장통 음식들에도 지구촌 곳곳의 미각이 모두 등장한다. 장 이곳저곳에서 피어나는 냄새들은 장보러 나온 사람들, 장을 구경하러 온 여행객들을 유혹한다. 곳곳에 내친 김에 서서 바로 식사를 해결하는 사람들도 흔히 볼 수 있다. 여름을 제외한 모든 계절에 등장하는 굴장사들도 언제나 장에 빠지지 않는 명물이다. 굴은 항상 12개를 단위로 판다. 12개, 24개, 아니면

36개 이런 식이다. 프랑스 북부, 서부해안 곳곳에서 따온 굴들은 종류별로 커다란 바구니에 담겨 손님을 기다리고, 사람들은 취향에 따라 산지별로 구분된 굴을 골라 껍질째로 집에 가져간다. 굴을 까는 건 언제나 남자들의 몫이다. 때로는 바로 그 자리에서 깐 굴을 화이트 와인과 함께 곁들여 마실 수도 있다. 아무런 소스도 양념도 필요 없이 요오드가 풍부하다는 굴 속의 짠물까지 후루루 들이마시며, 날 것의 굴을 한입에 먹어 주는 게 프랑스식 굴 먹기다.

일요일 낮엔 전기구이 통닭을 먹는 사람들이 많아서, 일요일이면 특히 통닭구이집 앞에 길게 사람들이 늘어서 있다. 우리나라처럼 이런저런 양념과 갖은 재주를 부린 통닭집이 있을 리 없는 프랑스에서, 장에서 파는 전기구이 통닭은 이들이 닭을 즐기는 가장 전형적인 방식이라 할 수 있다.(그런데 양념 통닭을 이 나라 사람들이 싫어해서 안 먹는 건 아니다. 할 줄 몰라서, 없어서 못 먹는 쪽에 가깝다. 한 번 그걸 집에서 해먹은 적이 있었는데, 냄새를 하도 풍기면서 음식을 하다 보니 미안해서 옆집에 두 조각 갖다 주었다. 나름 식도락가인 옆집 부부, 일 년이 넘도록 그렇게 맛있는 음식은 처음 먹어 본다고, 언제 다시 안 하냐고 볼 때마다 조른다. 양념 통닭의 프랑스 진출이 시급해 보인다.)

재미있는 건, 목요일과 일요일에 물건 가격이 살짝 다르다. 물론 일요일이 조금 더 비싸다. 일요일에 사람이 세 배쯤 더 많고, 이 날은 사람들이 더 돈을 여유롭게 쓰는 날이다 보니. 그렇다 해도, 바스티유 장을

한번 들르고 싶다면, 일요일 아침을 권하고 싶다. 그게 북적거리는 바스티유 장을 제대로 경험할 수 있는 시간이니까. 토요일에는 같은 자리에 예술가들이 자신들의 작품을 들고 나와 판매하는 예술가 장이 있다. 먹는 게 위주인 목요일, 일요일보다 1/10로 인파가 줄어든다. 예술이라는 게 우리의 삶에서 차지하는 비중이 어느 정도인지 적나라하게 보여주는 토요일의 예술가 장. 수준 차이는 천차만별이다. 갤러리에서 파는 작품들에 비하면 현저하게 낮은 가격에 맘에 드는 작품들을 만날 수도 있는 기회다.

info

찾아가는 법 지하철 1, 5, 8호선이 지나는 바스티유Bastille역에서 시작하여, 5호선 브레게-사방Bréguet-Sabin에서 끝남. 리샤르 르누아르 대로Bd. Richard-Lenoir를 따라 700미터에 걸쳐 열리는 장
운영시간 목, 일 07:00~14:30

1.
파리지앵의 소소한 귀띔

petits chuchotements d'une parisienne

파리에서 화장실 가는 법

파리를 걷다보면, 뜻밖의 장소에서 뜻밖의 냄새와 마주칠 때가 있다. 놀라움은 오로지 관광객들의 몫이다. 파리 사람들은 아마도 그 뜻밖의 냄새에 익숙해진 코를 가진 듯하다. 세상에서 관광객이 연중 가장 많이 찾아든다는 이 도시에선 만만하게 급한 용변을 처리할 장소를 찾기가 힘들다. 물론 돈을 내면 해결되긴 하지만, 소변을 보기 위해 돈을 1~2유로 내야 한다는 사실을 받아들이기 힘든(나 같은) 사람에게는 고역이 아닐 수 없다. 종종 길에 있는 무료 화장실(회색으로 된)을 발견할 수 있는데, 거기서 해결하는 것도 방법이고, 시청 앞에 있는 백화점 BHV에 가면 무료 화장실이 있다. 쁘렝땅이나 갤러리 라파예트 백화점의 화장실은 1.5유로를 지불해야 한다. 대부분의 카페들도 뭔가를 소비한 사람들에게만 화장실 사용을 허락한다. 박물관이나 식당에 갔을 때, 나오기 전 반드시 화장실에 들를 것을 권한다. 단지 화장실을 가기 위해 카페에 들어가 커피 한 잔을 시켜야만 하는 불편을 겪지 않으려면.

이곳에 다시 와야 한다,
보쥬 광장 *Place des Vosges*

명소를 찾아다니는 일로 점철되는 '관광'이란 단어에는 설렘과 함께 어쩐지 털어놓기 쉽지 않은 피곤함이 접혀 있다. 여행이, 낯선 곳에 내 발걸음과 시선을 무한대로 풀어놓고 탐험하는 일에 가깝다면, 관광이란 말은 널리 알려진 장소에 발도장을 찍는 일에 좀 더 가까이 있는 일이기 때문인 듯.

수천 번쯤 사진으로 보았던 어떤 곳에 다다랐을 때 우리가 느끼는 감정은 두 가지다. 마침내 동경하던 그곳에 이른 가슴 벅참. 그리고 보자마자 금세 식상해져서, 온몸으로 그것을 감각하기보다, 사진 한 장 박고는 서둘러 자리를 떠나고 싶어지는 마음이다. 자주 우린 명소에 가서 실망을 경험한다. 혹은 더 구체적으로 실망할까 봐 실체에 다가서길

외면하는 자신을 발견한다. 나의 경우, 직접 보고 나서 실망하지 않았던 거의 유일한 명소는 에펠탑이었다. 탑 아래, 네 개의 다리 사이에 서서 에펠탑을 올려다보고서, 19세기 사람들이 했던 이 미친 짓이 나의 발끝까지 저릿하게 만드는 걸 느꼈다. 그러나 여기까지 이르는 데에는 숱한 장애물을 건너뛰어야 했다. 먼발치에서 보는 것만으로 충분히 질리게 해주는 지나친 익숙함, 애처로운 표정으로 따라붙는 열쇠고리 장사들, 지친 얼굴로 아이스크림, 솜사탕을 팔고 있는 상인들 그리고 탑 위에 오르려고 매표소에 줄 서 있는 관광객들. 이들이 합심하여 막아서는 발걸음을 과감히 뛰어넘고 나서야, 엽서 속 식상한 피사체가 아닌 인류의 대담한 광기와 정교한 테크놀로지가 빚어낸 매력적인 조형물에 다가갈 수 있었다.

    보쥬 광장은 정반대 경우였다. 보쥬 광장을 처음 스쳐 지나가기 전까지 난 한 번도 이 공간에 대해 들어본 적도, 그 사진이 내 눈 앞을 스쳐간 적도 없었다. 파리에 왔던 첫 해, 난 매주 토요일에 있던 불어·한국어 회화 교환 모임에 참석했었다. 생 미셀 구역의 한 카페에 10여 명의 한국인들과 프랑스인들이 모여서 불어회화와 한국어회화를 주고받곤 했다. 모임이 끝나면 주로 베트남 쌀국수를 한 그릇 먹고 헤어지는 게 상례였는데, 한 번은 무슨 바람이었는지 떼를 지어 파리 시내 곳곳을 산책했다.

    낮에 이글거리던 해가 나뭇가지 사이에 걸려, 포도주빛의 달짝지근한 흥분을 전할 무렵, 우리 일행은 이 신비스런 광장을 빠른 걸음으로 가로질러 갔다. 사각으로 된 광장을 둘러싼 아치형 통로가 마치 궁전 안쪽의 긴 회랑처럼 걸쳐 있었다. 그 아래를 휙 지나가는 동안 어디서도 마주친 적 없는 매혹적 아우라에 사로잡혔다. 여러 세기에 걸쳐 묵직한 역사를 켜켜이 쌓아왔을 법한 이 공간에는 시대를 관통하는 여러 겹의 커튼이 바람에 흔들리는 듯했다. 다시 오고 싶어서 일행들에게 여기가 어딘지 묻고 싶었고, 길 이름이라도 알고 싶어 고개를 두리번거렸다. 그러나 일행 중 한 사람이 몹시 소변이 마려운 상황이어서, 모두 그 사람을 위해 화장실을 급히 찾고 있던 위급한(!) 분위기였기에 난 흘러넘치던 개인적인 감상을 주어 담았고, 그날의 기억은 거기서 멈춘다. 화장실이 급하다던 그 여자 분은 결국 화장실을 금방 찾았는지 어쨌는지, 우리의 정처 없는 산책이 어느 지점에서 끝났는지 기억에 없다. 강렬한 인상의 이성을 마주친 후 반쯤 넋이 나간 사람처럼, 보쥬 광장이 품고 있는 그 압도적 매력에 사로잡힌 얼빠진 여자의 얼굴이 그날의 마지막 컷이었다.

9년 뒤, 그곳에 다시 오다

길 이름도, 아니 대체 어디쯤이었는지도 모르고 지나쳤던 그곳을 다시 찾을 수는 없는 노릇이다. 살다보면 언젠간 다시 만나겠지, 그렇게 미련을 버리곤 여러 해가 흘렀다. 난 공부를 마친 후 파리를 떠났고, 한국생활 5년 만에 다시 파리로 돌아왔다. 세 살배기 딸아이와 함께. 아이 아빠가 등록해둔 공립유치원을 미리 구경삼아 찾아갔을 때, 거기에 놀랍게도 보쥬 광장이 있었다. 아이 아빠가 살았던 집은 보쥬 광장에서 직선거리로 100미터도 떨어지지 않은 곳이었다. 아이는 3년간 보쥬 광장에 있는 공립유치원에 다녔고, 유치원이 끝나고 나면 광장에 있는 놀이터에서 놀았으며, 나는 광장에 있는 카페 위고 Café Hugo에서 사람들을 만났고, 간혹 혼자 앉아 글을 썼으며, 광장에 새로 생긴 명소 갸레뜨 Garette에서 가끔 호사스런 디저트를 먹기도 했다. 아이는, 보쥬 광장 한가운데 서 있는 커다란 마로니에 나무들이 가을마다 떨궈내는 열매들을 비닐봉투 한가득 주위 시골집에 가져가 심기도 했고, 광장 한가운데 있는 모래밭에서 모래성을 짓고, 모래밥을 하며 유년의 시간들을 보냈다. 눈 앞에서 안타깝게 사라져 갔던 미스터리한 공간은 학부모가 된 내 일상의 가장 보편적인 배경이 되어 삶의 한 토막을 동반해 주었다.

파리의 가장 오래된 광장

마레 지구의 동쪽 끝에 자리하고 있는 보쥬 광장은 1612년 앙리 4세가 건설한 파리에서 가장 오래된 광장이다. 완벽한 대칭구조로 만들어진 이 광장을 둘러싸고 한쪽 면에 9채씩 똑같은 모양의 주택들이 서 있다. 북쪽과 남쪽에 각각 왕비(이탈리아 메디치 가문에서 시집 온, 마리 드 메디치스가 그 첫 주인공이었다)와 왕의 처소가 있었고, 양 옆으로는 귀족

들이 사는 저택들이었다. 지금은 잔디밭과 놀이시설이 있어 아이들과 어른들의 느긋한 쉼터로 이용되는 이곳은 혁명 전에는 철저하게 왕실 가족들과 귀족들을 위한 장소였고, 그 이름도 왕실 광장이었다. 그들은 이곳에서 마상 창 시합을 하거나, 종종 결투를 벌이기도 했다. 앙리 4세에게는 관용의 왕이라는 별명이 붙어 있다. 그는 구교와 신교 간에 벌어진 숱한 종교전쟁에 종지부를 찍고, 프랑스에서 구교뿐 아니라 신교에 대해서도 차별 없이 종교로 받아들인다는 소위 낭트칙령을 선언했기 때문이다. 그러나 그는 관용의 대가로 목숨을 내놓아야 했다. 무려 19차례의 암살 위기 끝에 그의 관용을 용서할 수 없었던 급진적 가톨릭교도에 의해 암살당한다.

혁명은 이 공간을 시민들의 것으로 만들었지만, 역사를 따라가다 보면 종종 씁쓸한 반전을 만나게 마련이다. 지금 왕비관은 파비용 드 라 렌Pavillon de La Reine(왕비관)라는 이름을 그대로 달고 있는 별 4개짜리 고급 호텔이 되었고, 사각의 회랑에는 갤러리와 카페, 레스토랑, 고급 부티크들이 들어서 있다. 햇볕 좋은 주말이면 그 회랑에 서서 공연을 하는 음악가들을 종종 마주칠 수 있다. 공간의 분위기가 고풍스러워서인지 무대 의상을 정성껏 차려입은 성악가들의 공연에서부터, 바이올린이나 첼로를 연주하는 클래식 음악가들을 주로 만날 수 있다. 과거 귀족들이 살았던 저택엔 지금 유명 정치인들, 배우들이 살고 있다. 80년대와 90년대 문화부 장관과 교육부 장관을 연이어 지낸 전설의 장관 자크 랑을 비롯, 전 IMF총재이자 유력한 프랑스 사회당의 대선주자였으나 소피텔 호텔에서의 성추행으로 화려하게 추락했던 도미니크 스트로스 칸이 이 동네의 대표적 유명인사다. 돈과 권력을 가진 사람들이 여전히 광장을 둘러싼 저택에 살고 있다는 점에서 혁명은 광장의 절반만을 시민들에게 돌려준 셈이다.

각각의 공간에는 그곳만의 기운이랄지, 운명이랄지 하는 것이 있는 것일까. 이제 보쥬 광장은 과거의 기능과 임무로부터 놓여나 평화로운 그림처럼 마레 지구의 한 구석을 지키고 있지만, 종종 이곳에선 세상을 뜨겁게 하는 스펙터클이 벌어지곤 한다.

2009년, 보쥬 광장의 남쪽 건물, 왕이 거하던 처소가 45년간의 침묵을 뚫고 문을 열었다. 정확히 말하면, 문이 스스로 열린 것이라기보다 누군가 닫힌 빗장을 열어젖힌 것이다. 오랜 기간 동안 비어 있는 집을 점거하여 그곳을 주거공간으로 삼거나, 그곳을 유의미한 문화공간으로 활용해온 스쿼트 운동단체 '검은 목요일Jeudi Noir'에 의해서였다. 살인적인 주택 임대료를 숙명처럼 겪어야 하는 파리엔 아이러니하게도 도심 속에 방치된 건물들이 무수히 많았다. 검은 목요일 멤버 30여 명이 이곳에서 거주하기 시작하면서 동네는 들썩이기 시작했다. 2300제곱미터나 되는 거대한 저택이 반세기 동안 쌓아왔던 먼지를 털고, 사람의 온기를 맞아들이자, 언론이며 경찰이며, 동네 사람들이 일제히 그곳을 쳐다보았다. 저택의 주인은 이제는 87세의 노인이 되어버린 한 부잣집의 상속녀. 아시아 문화에 남다른 애정을 가졌던 그녀는 1963년에 이 공간을 사들여 아시아문화재단을 만들려는 계획을 세웠다. 곧 저택을 문화공간으로 탈바꿈시키는 거대한 공사를 시작했으나 예상치 않은 돈이 한없이 들어갔고, 2년의 공사는 재정이 충당될 날을 기다리며 중단되었다. 그러나 재산 상속과 관련해 얽힌 소송에서 승소하여 모자란 재정을 충당하려던 그녀의 뜻은 이뤄지지 않았고, 닫힌 대저택의 문은 이후 45년간 열리지 못했다. 그 사이 상속녀는 할머니가 되었고 그녀의 꿈은 닫힌 문 속에서 고이 잠들고 만다. 때로는 거부들도 돈이 모자라서 할 수 없는 일이 있다? 그런 셈이다(그래서 그들은 언제나 더 많은 돈을 모으기 위해 경주 중인 걸까?).

그녀의 보쥬 광장 저택이 점거되었을 때, 할머니는 그곳에서 멀지 않은 양로원에 기거하고 있었고, 젊은이들이 그곳에 사는 모습을 눈으로 확인하며 오히려 안도하였다. 그곳에 들어온 청년들은 저택을 훼손하거나 피해를 주지 않을 뿐 아니라 오히려 공간을 건강하게 살려내고 있다는 사실을 알리기 위해 주말마다 이 공간의 일부를 개방하여 공간을 보여주었다. 또 공간의 역사를 소개하는 프로그램을 만들어, 찾아오는 방문객들을 맞이하고 콘서트도 마련했다. 문화공간을 만들고 싶었던 할머니의 꿈은 이렇게 뜻하지 않은 방식으로 일부나마 실현되어 갔다.

한때 그 집은 이사도라 던컨의 연인이었던 싱거(Singer. 재봉틀 만드는 회사로 유명한 바로 그 싱거사의 상속인)가 구입하여 이사도라 던컨이 무용 연습을 하면서 지낸 공간이기도 했다. 할머니는 자신의 저택이 젊은이들에 의해 삶을 되찾는 것을 보고 오히려 기뻐했고, 젊은이들은 이곳에 공사가 재개되면 언제든지 나갈 것을 약속했지만, 경찰은 이 행복한 상황이 지속되는 것을 오래 두고 보지 않았다. 감히 서민계급이 지배계

급의 공간을 무단 점거하는 일을 공권력은 관용할 수 없었던 것이다. 일 년 남짓한 점거 끝 어느 일요일 아침, 청년들은 공권력에 의해 강제 퇴거 당한다. 그리고 저택은 다시 긴 침묵 속에 들어갔다. 어느 날 대범한 침입자가 문을 열고 들어와 줄 날을 기다리며.

또 다른 소동은 2011년 5월에 시작되었다. 화창하던 어느 일요일 아침, 바스티유 장에 나가려고 집을 나서는데 이웃집 남자가 싱글벙글하며 말을 걸어온다.

"너 소식 들었니?"

"무슨 소식?"

"DSK(전 IMF 총재 도미니크 스트로스 칸을 일컫는 프랑스식 약어)는 이제 끝났어. 어제 뉴욕에서 성추행 하다가 뉴욕 경찰에 잡혀갔대!"

2012년 5월 대선을 일 년 앞둔 시점. 사회당의 대선주자가 될 것이 확실시 되었던, 즉 당시의 대통령 사르코지의 지지율을 보아하건대 차기 프랑스 대통령이 될 것이 유력했던 DSK는 와장창 요란한 소리를 내며, 천국에서 지옥으로 추락했다. 뉴욕에서의 재판이 끝난 후 그는 보쥬 광장 13번지에 있던 자신의 저택으로 돌아온다. 사건 직후, 그의 집 앞에서는 연일 페미니스트 활동가들이 그의 행동을 비난하는 시위를 벌였다. 외부의 시선을 피하느라 긴 커튼이 드리워져 있던 그 집 앞엔 기자들과 종종은 호기심 많은 관광객들도 서성였다. 종종 너무 많은 돈과 권력은 우지끈 소리를 내며 추락하곤 한다.

빅토르 위고 박물관 La Maison de Victor Hugo

루브르, 오르세 같은 프랑스 국립박물관들이 10유로가 넘는 비싼 입장료로 짭짤한 장사를 하고 있는 것과 대조적으로 17개의 파리 시립 박물관들은 모두 무료다. 그것은 프랑스라는 나라와 파리라는 도시 사이에 놓인 미묘한 차이이기도 하다. 프랑스 정부는 언제나 파리 시의 힘이 커지는 것을 경계해 왔다. 특히, 1871년, 70일간 이어진 파리의 시민정부, 파리 코뮌 Commune de Paris의 추억은 파리 시가 자체 시장을 갖는 것을 향후 100년 동안이나 정부가 허하지 않았을 정도로 위협적인 것이었다. 1977년에서야 비로소 파리는 시장을 갖게 되었다. 16년 전부터 줄곧 **사회당 시장**(동성애자임을 커밍아웃했던 베르트랑 들라노에에 이어, 스페인 이민자 출신 여성인 안느 이달고가 사회당의 파리 시장 직을 이어가는 중)이 살림살이를 해온 파리 시는 프랑스라는 국가보다 좀 더 시민들의 편에 서 있었다.

아쉽게도 루브르, 오르세 등 국제적 명성을 누리는 대부분의 대형 박물관들은 국립이지만, 보쥬 광장 한구석에 있는 빅토르 위고 박물관은 '착한' 파리 시립박물관 중 하나다. 빅토르 위고는 보쥬 광장 6번지에서 16년간 살면서 그의 대표작 레미제라블의 대부분을 여기서 집필하였다. 당대는 물론이고 프랑스 역사를 통틀어 가장 큰 사랑을 받았던 작가였고, 불의와 타협하지 않은 신실한 정치인이었으며, 놀라운 재능을 가진 화가이기도 했던 빅토르 위고의 다양한 면모들을 고스란히 접할 수 있다.

박물관에서 발견할 수 있는 뜻밖의 에피소드는 그와 50년간 연인 관계를 유지했던 줄리엣 드루에Juliette Drouet와의 스토리다. 빅토르 위고에겐 부인이 있었지만, 그는 연극배우였던 줄리엣 드루에와 일생 동안 연인 관계를 유지했다. 줄리엣과 위고는 50년간 2만 통이 넘는 편지를 주고받았다. 쉴 새 없이 카톡을 주고받는 요즘의 젊은 연인들처럼 대부분의 세월, 한 지붕 아래 살지 못했던 그들은 편지로 속삭이며 사랑을 이어갔다. 그 편지들은 책으로 엮여 빅토르 위고 박물관에 전시되어 있고, 이 내용을 바탕으로 한 연극도 종종 상연된다. 위대한 작가이며 인본주의자이고, 진보적 지식인이었던 위고. 그러나 줄리엣과의 관계에서 그는 세상의 여느 마초들과 다르지 않은 면모를 보이기도 한다. 둘의 관계가 시작되면서 그는 그녀를 독점하기 위해 연극배우 일을 그만두게 했고, 부인과 이혼은 하지 않으면서 늘 그의 발치에 그녀를 살게 했다. 그가 보쥬 광장에 살 때 줄리엣 드루에는 거기서 800미터 떨어진 아파트에 살았다. 1851년, 쿠데타가 발발했을 때 그를 체포하는 것을 명령받은 경찰의 거부로 결국 자발적인 외국 유배를 떠날 때에도 그녀를 동반하여 자신의 거처 근방에 작은 숙소를 마련하여 살게 하였다. 위고의 부인이 죽고 나서야 줄리엣은 평생의 연인 위고와 한 지붕 아래서 살 수 있었다. 박물관에는 위고의 인생에 그녀가 차지한 자리가 또렷이 남아 있다. 박물관에 들어가거든, 그 안의 전시물뿐 아니라 창을 통해서 보쥬 광장을 바라볼 것을 권하고 싶다. 연녹색 잎사귀들이 돋아나는 시절이든, 눈이 소복이 쌓여 광장의 실루엣이 살짝 가려진 겨울이든, 보쥬 광장은 우아한 여인의 뒤태 같은 아련한 감탄을 언제나 자아낼 터이니.

　　사각의 회랑에는 갤러리가 즐비하고, 그 사이사이에 가서 앉고 싶은 카페가 한두 개 있다. 햇볕 좋은 날이면 광장의 잔디밭에 눕거나, 벤치에 앉아도 좋겠지만, 카페에 앉아보는 것도 보쥬 광장의 분위기를 느끼는 좋은 방법이다. 그중에서도 왕비의 처소 근처에 자리 잡고 있는 살롱드떼 카레트Salon de thé Carette는 다소 비싼 가격이 흠이긴 하지만, 보쥬 광장을 바라보며 차와 맛있는 디저트를 즐기기에 완벽한 장소다. 남쪽으로 향해 있어 해가 넉넉히 들어오고, 서비스도 파리답지 않게(!!) 안정적인 친절함을 유지한다. 약간 럭셔리한 분위기와 관광객이 북적대는 이 공간이 맘에 들지 않는다면, 왕비관Pavillon de Reine과 카레트 사이에 난 한적한 길, 베아른 가Rue de Béarn로 들어서서 중국 카페Café Chinois에 가는 것도 좋은 생각이다. 아시아에 대한 사랑에 흠뻑 빠져 있는 커플이 운영하는 이 찻집은 아시아 문화가 프랑스 사람들에게 재해석되면 어떤 모양으로 태어날 수 있는지의 정수를 보여준다. 중국, 일본, 인도, 이란, 러시아 등 다양한 나라에서 가져온 여러 가지 차들은 물론, 유명한 베트남 커피까지 맛볼 수 있다. 의자며 찻잔이며 무엇 하나 시선을 잡아끌지 않는 것이 없다. 찻집 안쪽엔, 베트남에서 가져온 예쁜 오브제들을 전시, 판매한다. 점심 때엔 베트남, 중국 음식을 프랑스식으로 해석한 요리들로 가볍게 요기를 할 수도 있다. 발을 딛는 순간, 프랑스와 아시아가 만나 빚어내는 야릇한 유혹이 몸에 감겨오는 시적인 공간이다.

뿌듯하게 들어갔다가, 감동해서 나오는 한국식당 순SOON

보쥬 광장을 나와 바스티유 쪽 큰 길로 가다보면, 첫 번째 마주치는 길이 투르넬 가Rue des Tournelles다. 그 길에 근사한 한국식당 〈순〉이 있다. 식당 전면에 서면 유약을 바르지 않고, 회칠을 한 커다란 항아리들이 통유리 아래 놓여있는 것부터 예사롭지 않다. 실내에 들어서면 가장 먼저 눈에 띄는 것도 허공에 설치해 놓은 흰 항아리들이다. 장맛을 기본으로 하는 한국음식의 색깔을 지켜가겠다는 의미인 듯. 테이블이 놓여있는 홀 한쪽에는 기다란 마루도 나온다. 양반다리로 앉기 힘들어하는 프랑스 손님들을 위해 일식집에서 흔히 하듯, 다리를 놓는 공간을 아래로 만들어놓았다. 환호하며, 이 희한한 마루를 즐기는 프랑스인들을 볼 수 있다. 모든 식기며 수저는 반짝이는 유기. 샘물이 졸졸 흘러내리도록 만들어놓은 화장실 세면대까지. 구석구석 주인의 세심한 손길이 눈에 들어온다. 바비큐에 야채로 쌈을 싸 먹는 메뉴가 메인이지만, 비빔밥, 찌개, 전 등 한국식당에서 우리가 원하는 대부분의 음식들이 맛과 모양을 뽐내며 서빙된다. 실력 있는 소믈리에도 따로 두고 있어서, 와인들의 수준도 인정해줄 만하다. 프랑스와 독일에서 공부하던 유학생 커플이 10여 년간 파리에서 땀 흘리며 일궈낸 노력의 열매로 태어난 빛나는 공간이다.

info

찾아가는 법 지하철 1호선 생 폴Saint Paul역과 1, 5, 8호선 바스티유Bastille역 사이에 있는 비라그 가Rue de Birague를 통과해서 가는 방법을 가장 권하고 싶다. 짧지만 우아하고 상쾌한 그 길을 걸을 때, 늘 맘이 설렜던 것 같다. 혹은 8호선 슈망 베르Chemin Vert에서 내려, 빠 드 라 뮐 가Rue du pas-de-la Mule를 따라가는 방법도 나쁘지 않다. 29번 버스를 타고 마레 지구 한가운데를 통과한 후, 보쥬 광장에 내리는 것도 근사하게 보쥬 광장에 이르는 방법이다.

- **호텔 왕비관** Hôtel Pavillon de la Reine

주소 28, Place des Vosges 75004 Paris

- **중국 카페** Café Chinois

주소 7, Rue de Bearn 75003 Paris

운영시간 평일 12:00~18:00 (월·일 휴무)

- **살롱 드 떼 카레트** Salon de thé Carette

주소 25, Place des Vosges 75003 Paris

운영시간 평일 07:00~24:00, 주말 07:30~24:00

- **빅토르 위고 박물관** Maison de Victor Hugo

주소 6, Place des Vosges 75004 Paris

- **한국식당 순** Soon

주소 78, Rue des Tournelles 75003 Paris

찾아가는 법 지하철 8호선 슈망 베흐Chemin Vert역 혹은 1, 5, 8호선 바스티유Bastille역

운영시간 매일 12:00~22:30

당신에게, 파리

비드 그르니에 *Vide-grenier*, 다락방 비우기

다락방 비우기를 처음 목격했던 날을 한 편의 영화처럼 선명하게 기억한다. 15년 전 어느 화창하던 가을 일요일, 늦은 아침을 먹기 위해 바게트 빵을 사러 집을 나서는데, 평소 조용하던 골목길에 알록달록 오색빛깔의 잡동사니들이 흩뿌려져 있었다. 가끔씩 얼굴을 마주치던 동네사람들이 한꺼번에 쏟아져 나와 마을잔치라도 벌이는 듯 낄낄 깔깔…. 한쪽에서는 크레프도 구워서 팔고, 집에서 만들어온 케이크도 잘라서 판다. 모두들 길바닥에 보자기 하나씩 깔고 각자 자기의 좌판을 벌이고 있다. 모퉁이가 닳은 발레리나의 토슈즈, 장롱 속에서 마침내 꺼내놓은 레이스 테이블보, 구닥다리 커피잔, 장난감, 책, 구슬, LP판, 신발, 옷, 파이프, 모자, 가방, 선글라스, 활, 화살, 목걸이… 헤아릴 수 없

이 많은 물건들이 이끌려나와 나란히 햇빛을 받으며 새 주인을 기다리고 있다.

　　내 발걸음은 열세 살 정도 되어 보이는 한 소녀의 좌판 앞에서 멈췄다. 소녀는 자신의 옷들을 팔고 있었다. 완전히 여자가 되지 못한 소녀의 몸은 나의 그것과 얼추 비슷하거나 혹은 더 건장해(!) 보였고, 나는 그 자리에서 무려 6벌의 옷을 사들였다. 단돈 10프랑(2천 원)에. 한 벌 당 2프랑이었고, 마지막 옷은 덤이었다. 소녀는 이 거래에 흡족한 미소를 짓는다. 난 잠시, 발을 헛디뎌 낯선 세상에 떨어진 이상한 나라의 앨리스라도 된 듯, 아니면 파도에 떠밀려 소인국에 와 있는 걸리버가 된 듯한 기분에 휩싸였다. 갑자기 100분의 1로 축소된 물건들의 가격은 단지 이 모든 것들이 중고이기 때문만은 아니었다. 이 난데없는 골목길 장터가 '다락방 비우기'로 불린다는 사실을 알고 나서야 난 비로소 그날의 가볍디가벼운 공기가 어디서 오는 건지 감 잡을 수 있었다. 시장판에서 흔히 느끼는 약간의 긴장감, 노동과 생존, 경쟁의 논리가 뒤범벅된 다이내믹한 땀 냄새가 제거된 그 느슨한 장의 주된 목표는 다락방에서 먼지와 함께 뒹굴고 있던 잡동사니들을 끌어내 처분하는 데 있지, 더 많은 이윤을 창출하는 것이 아니라는 사실이 내가 느낀 생경함의 원인이었다.

　　바게트도, 늦은 아침의 허기도 완전히 자취를 감추었다. 난 개선장군처럼 득템한 옷들을 들고 집으로 돌아가, 아직 침대에서 헤어 나오지 못한 룸메이트를 깨웠다. 땡그란 두 눈을 번쩍 뜨고 나를 따라 '다락방 비우기' 탐험에 나선 룸메. 감히 평소라면 도전해 보지 못할 대범한 옷들도 그날 우리 손에 들어왔고, 우린 서로 득템한 옷들을 입어보고 방안에서 워킹을 하며 깔깔거렸다.

 이 집에서 뒹굴던 잡동사니가 저 집으로 옮겨져서 다시 뒹굴다가 몇 년 뒤, 다시 태양 아래로 이끌려 나와 새 주인을 기다리고, 그 사이에 1~2유로의 돈이 오가는 이 다락방 비우기의 룰. 마음만 먹으면 21세기 자본주의 사회에서도 물물교환에 가까운 사람들 간의 거래가 가능하다는 사실을 보여준다. 사람살이가 자본의 논리에서 조금만 길을 틀어도, 우리 얼굴엔 생존을 위한 고단한 긴장 대신, 느긋한 휴식의 미소가 어른거린다는 사실도.
 비드 그르니에는 모든 사람들의 집에, 있어도 없어도 그만인 잡동사니들이 산더미만큼 있다는 사실을 입증하는 현대 인류의 생활사 전시장이기도 하다. 또 어떤 물건들이 공연히 집에 자리만 차지하고 있고, 쓸모는 그다지 없는지를 알려주기도 한다. 소비자이기만 했던 사람들에게 상인이 되는 간접 체험을 해보게 해주기도 한다. 특히 아이들에게 이날은 신나는 놀이터가 펼쳐지는 날이다. 엄마의 좌판 옆에서 종종 아이들은 자기들의 좌판을 벌인다. 이제 놀 만큼 자기고 논 장난감들, 액세서리들, 옷가지들을 자기들이 팔고 그걸로 용돈을 마련하는 것이다. 그 꼬마들을 상대로 다른 꼬마 손님들이 와서 흥정도 하고, 덤도 얹어준다. 그리고 그렇게 해서 직접 마련한 자신의 돈으로, 장에 나온 새로운 장난감들, 책들을 구입한다. 내 아이만 해도, 다락방 비우기 날을 손꼽아 기다린다. 가게에는 없는, 시대와 국경을 초월한 희한한 물건들을 언제나 발견할 수 있고, 모든 것들이 염가인 관계로 그 물건을 손에 넣는 게 얼마든지 가능하기 때문이다.

물건을 파는 사람 대부분이 일반 사람들이지만, 간혹 다락방 비우기에만 전문적으로 찾아다니며 물건을 파는 전문 상인들도 있다. 팔고 있는 물건들의 품목이 일정하다면, 그 사람은 다락방을 비우는 게 아니라 재고상품을 처리하러 나온 상인일 가능성이 높다. 그럴 경우 물건의 단가가 조금 높다. 물론 집요하게 한 가지 물건을 수집하는 수집가가, 어느 날 수집에 대한 열정이 식어서 다 처분하려고 나오는 경우도 있다. 한 번은 천칭을 수십 개 내놓고 파는 아저씨를 본 적이 있었다. 평생 천칭을 모아 왔는데, 이제 집에 더 둘 자리가 없어서 들고 나왔단다. 참….

벼룩시장과는 조금 다른 세계

다락방 비우기가 상설 벼룩시장들과 다른 점은, 물건을 쓰던 주인들이 직접 잡동사니가 된 자기 물건을 처분하는 것이고, 상설 벼룩시장은 중고품이 되어 그들 손에 넘어온 출처불명의 온갖 잡동사니를 수년째 판다는 것. 당연히 전자의 물건 쪽에서 보물을 발견할 확률이 더

당신에게, 파리

많다. 전자의 경우, 물건의 값어치가 완전히 주관적인 쓸모와 관심사에 의해 결정되지만, 후자의 경우 시장의 논리, 즉 중고시장에서의 객관적인 가격이란 게 책정된다. 내 손에 들어온 물건이 장물일 가능성도 있고, 말 그대로 벼룩이 그 사이에 뛰어다닐 가능성도 없지 않다.

다락방 비우기와 상설 벼룩시장 중간지점에 브로캉트Broncante라는 것도 있다. 비상설 벼룩시장인데, 전문 골동품 업자들이 모여서 정기적으로 길에서 벌이는 장이다. 가구, 장식품, 그림 등. 노인이 죽고 나면 후손들은 집안 가득 채워져 있는 물건들을 달리 처치할 방법을 알지 못하고, 골동품 업자를 불러 헐값으로 이 모든 물건들을 넘긴다. 그리고 골동품 업자들은 그것들을 그들의 기준대로 값을 매겨 시장에 내놓는다. 다락방 비우기나 브로캉트에서 구입한 물건을 인터넷 사이트를 통해 백 배 정도 뻥튀기해서 파는 사람도 있다. 도시뿐 아니라 시골 구석구석 봄, 가을 주말이면 어디서든지 비드 그르니에가 열리는 곳을 찾을 수 있다. 여행을 하면서 비드 그르니에에서 산 물건을 인터넷 사이트에 올려 되팔아 여행경비를 충당해가며 지내는 커플을 본 적도 있다.

2년 전, 처음으로 아이와 함께 다락방 비우기에 직접 참가하기도 했다. 주최자는 동네의 초등학교 학부모회였다. 아이들의 문화예술 활동을 위한 비용에 보태기 위해서 학부모회가 구청의 허가를 받아서 진행한다. 자릿값은 1미터 당 5유로. 물건을 파는 사람이 되어 아이와 함께 아이의 장난감과 책, 신발, 옷을 팔았다. 흥정을 하는 것도, 물건 하나하나의 가격을 사람 얼굴 봐가며 즉흥적으로 말하는 것도 꺼림칙해

당신에게, 파리

서 정찰제로 가격을 모두 적어서 붙여놨다. 그런데도 흥정을 하려고 드는 사람이 절반은 되었다. 1유로라고 붙여놨는데 50센트에 달라고 하는 사람도 있고, 4유로라고 붙여놓은 여행가방을 3유로에 달라고 조르는 아줌마도 있었다. 부인과 남편이 서로 '돈을 네가 내라'고 2유로 가지고 티격태격하는 걸 보기도 했다. 칼리는 깎아 달라고 하면 마음 약해서 무조건 깎아주고, 남편 희완은 절대 안 깎아주었다. 자기는 이 가게 점원이고 주인은 내 딸인데, 내 딸이 정해 놓은 가격이므로 내 마음대로 깎아줄 수 없다면서. 난 사는 사람이 예의바르게 굴고, 여러 개를 사면 깎아줬다. 그렇게 8시간 정도 세 사람이 번갈아가며 길에 앉아서, 내놨던 물건의 2/3 정도를 팔고 100유로 가량을 벌었다. 동네에 한국인 커플이 살고 있다는 것도 그날 알았다. 두 살짜리 아기를 둔 한국 엄마가 아이를 위해 여러 권의 유아용 도서를 사갔다.

두 번째 참여했던 다락방 비우기는 교육관련 시민단체에서 주최한 것이었다. 아이들 용품만을 다루는 다락방 비우기였다. 참가조건은 참가비 5유로(약 6천 원)와 행사가 끝나고 모든 참가자들에게 기회가 주어지는 선물추첨에 포함될 작은 선물(장난감, 책 등), 그리고 집에서 직접 만든 케이크였다. 아이들은 엄마, 아빠와 함께 하루 종일 장을 벌이고, 장이 끝날 무렵, 장 한가운데 마련된 행사장에 산더미처럼 쌓여있는 선물을 기다란 낚싯대로 차례로 하나씩 낚아 올렸다. 케이크는 한 조각씩 잘라서 싼 가격에 현장에서 판매한다. 시민단체를 위한 수익사업이 되는 동시에, 장터에 참가하는 모든 사람들이 간단히 식사를 해결할 수 있게 해주는 것이기도 했다. 나는 배짱 좋게 케이크 대신 집에서 빚은 송편을 가져갔다. 이건 쌀로 만든 케이크라고 설명하고 속에 담겨 있는 것이 뭔지 설명해준 다음, 주최 측 담당자 입에 한 개를 쏙 넣어주자, 대환영! 마침 추석 무렵이어서 집에서 송편을 빚다 남은 쌀가루가 있던 참이었다.

언제 어디서 열리나

너무 춥거나 덥지 않은 봄, 가을 주말이면 파리 어딘가에서 반드시 비드 그르니에가 열리고 있다. 인터넷에서 'Vide Grenier'를 치면, 어느 길에서 열리는지, 규모는 어느 정도 인지를 알려주는 사이트(https://vide-greniers.org)가 있다. 대부분 아침 7시에 시작되고 6시쯤에 마감한다. 당연히 일찍 갈수록 쓸 만한 물건이 많고, 늦게 갈수록 가격 흥정은 쉬워진다. 서민들의 삶이 갈수록 빠듯해지는 건 여기도 마찬가지여서, 굳이 처분하고 싶진 않지만 돈이 아쉬워서 가지고 나온 듯한 물건들도 있다. 그럴 경우, 파는 사람들은 완전히 헐값에 물건을 내놓고 싶어 하진 않는다. 흥정이 필요하지만 말이 딸릴 것 같다? 흥정의 기술은 만국 공통이다. 매우 마음에 들지만 안타깝게도 가격이 안 맞는다는 표정을 짓는 걸로도 충분하다. 파는 사람의 마음이 쉽게 움직여지는 것도 비드 그르니에가 아직 간직하고 있는 인간적 룰이다. 도전해 보시길.

길이 막히면 더 좋은,
29번 버스 여행

　　오지 않는 버스를 기다리던 중, 저 멀리서 익숙한 실루엣을 무심히 들이밀며 다가오는 버스를 발견할 때의 반가움. 고교시절엔 9-2번이, 대학시절엔 빨간색 38번이 내게 그런 버스였다. 파리에 와선 29번, 69번이 내게 그런 버스다.

　　파리 시내에 다니는 버스 노선은 50여 개에 지나지 않는다. 오래 산 사람들이나 유난히 대중교통에 집착하는(나 같은) 사람은 버스들의 전체 노선을 파악하는 게 그다지 어렵지 않을 정도. 버스가 많지 않은 건 파리가 워낙 아담 사이즈의 도시이기도 하거니와(면적이 고작 105제곱킬로미터다. 서울에 비하면 1/6) 지하철이나 트램 등의 도시철도망이 촘촘히 연결되어 있어 도로교통을 이용하는 버스의 사용을 최소화할 수 있기 때문이기도 하다.

　버스는 지하철에 비해 훨씬 천천히 다니기 때문에 그리 급하지 않은 사람들이 타는 교통수단이다. 한참 가다가 이젠 안 간다고 다들 내리라고 할 때도 심심치 않게 있다. 어딘가에서 집회나 시위가 열리기 때문이다. 그런 일이 생기더라도 너무 낙심할 필요는 없다. 운 나쁘게 걸린 거라고 하기엔 파리에서 다반사로 일어나는 일이며, 좁은 파리 시내에선 조금만 걸으면 대체수단을 찾을 수 있으니까.

　파리의 버스기사들은 느긋하고 여유롭다. 좀 후하게 말하자면 품격이 있다(!)고도 말할 수 있다. 승객들은 승차하면서 종종 기사들에게 인사를 건네고, 그럼 그들은 은은한 미소를 띠며 인사에 답한다. 이 모든 것은 파리의 버스가 파리교통공사라는 공기업에 속해 있고, 그리하여 타 업체와 속도경쟁을 해야 할 필요가 없으며, 상대적으로 안정적인 노동조건에서 일한다는 사실과 무관하지 않다. 재미있는 건, 정류장을 안내하는 방송 목소리가 한국은 낭랑한 20대 여자 목소리인데 반해, 여기는 차분한 중년 여성, 혹은 중년 남성의 목소리라는 사실(새로 생긴 트램에서 그것은 종종 5살짜리 아이의 목소리로 대치되곤 한다). 이는 프랑스에서 만날 수 있는 거의 모든 안내 방송 목소리에 해당되는 사실이기도 한데, 20대 여자만이 여자로서의 유용성을 인정받는 듯한 우리 사회의 암묵적 풍경과는 사뭇 다른 대목이다.

　파리를 만나는 가장 좋은 수단은 걷는 거지만, 버스를 타고 다니

면 아픈 다리를 쉬면서 도시 풍경을 누릴 수 있고, 걸을 때와는 또 다른 고도에서 도시를 발견할 수 있다는 점에서 여행자들에게 매력적인 이동 수단이다. 초록색의 뽀송한 빌로드 천으로 덮인 의자도 편안하고, 대체로 지저분한 지하철에 비해 압도적 청결함을 자랑하기도 한다. 관광객들끼리만 어울리게 되는 뚜껑 없는 2층 버스에 비해 가격도 저렴하고, 관광객이 아닌 현지의 생활인들을 접할 수 있으니 일석 4조쯤.

20번으로 시작되는 버스들은 모두 생 라자르역Gare Saint-Lazare을 종점으로 한다. 모네가 그린 유명한 그림 『생 라자르역』의 그 주인공이다. 그중에서도 29번은 오페라 가르니에를 지나 퐁피두센터 옆을 스친 후, 마레 지구를 관통하고, 오페라 바스티유를 거쳐 리옹역으로 향하는 노선을 갖고 있어, 한눈에 센 강 우안의 핵심적인 관광지들을 둘러볼 수 있게 해준다.

생 라자르역을 출발한 버스는 쁘렝땅 백화점을 거쳐 5분 안에 오페라 가르니에에 도착한다. 파리에는 두 개의 오페라 하우스가 있는데, 먼저 생긴 것이 바로 이 오페라 가르니에(1874년, 샤를 가르니에가 설계)이고, 1989년에 만들어진 것이 바스티유에 있는 오페라 하우스다. 나폴레옹 3세 시기에 만들어진 건축물들 가운데 가장 성공적인 것으로 평가받는 이 오페라 하우스에선 주로 발레 공연이 이뤄지고, 바스티유에 있는 오페라 하우스에서는 주로 오페라 공연이 이뤄진다. 일 년 내내 대부분의 공연들이 거의 만석으로 채워지지만, 가장 싼 좌석들은 남아 있는 경우가 있다. 대부분 3층 꼭대기 좌석들이다. 언제나 안정적인 공연의 퀄리티를 유지하는 오페라 극장에서의 공연을 관람하는 것도 파리에서 값진 추억을 남기는 한 가지 방법이다.

오페라 가르니에를 뒤로 한 버스는 카트르 셉땅브르 가Rue du Quatre Septembre로 들어선다. 여기서 하차하면, 한국, 일본 식품점과 식당가가 즐비한 생 딴 거리Rue Sainte-Anne가 남쪽으로 이어진다. 이 거리에 들어서면 라면과 우동을 먹겠다고 줄지어 차례를 기다리고 있는 프랑스인들의 모습을 심심찮게 볼 수 있다. 한국 도시락집도 있고, 심지어 짜장면과 짬뽕을 먹을 수 있는 한국식 중국집도 있다. 이 생 딴 가에 대해선 따로 소개를 드리련다. 29번 버스는 생 딴 가로 들어서지 않고 다만 그 입구에 한 번 선 후, 동쪽을 향해 직진한다. 왼쪽 편에 아테네에서 봄직한 코린트 양식의 거대한 건물이 나오는데, 이는 18세기 초에 지어진 옛 증권거래소 건물La Bourse로 지금은 세미나, 대회, 패션쇼 등의 행사장으로 사용되고 있다.

이 거대한 건물에서 꺾어진 후 좁은 길을 ㄱ자로 관통하고 나면, 거기에 아름다운 빅토리아 광장이 서있다. 한눈에도 이 광장 주변에 깃들여있는 위엄과 아름다움을 감지할 수 있는데, 그 느낌은 반대편에서 버스를 타고 올 때 더욱 확연해진다. 도시계획을 진행하는 과정에서 공간이 절반 이하로 축소되었지만, 1685년에 조성된 이 빅토리아 광장은 여전히 기품을 간직하고 있다. 한가운데에 서 있는 태양왕 루이 14세의 동상과 주변을 빙그르 둘러싼 건물들이 이 공간의 미스터리한 우아함을 함께 거들고 있는 것이 분명하다. 이 동상은 그가 오스트리아, 스페인, 네덜란드와 프러시아와의 전쟁에서 승리한 것을 기념하기 위해 지은 것. 그가 몇 개의 전투에서 승리를 거두었다고 해도, 프랑스는 루이 14세가 벌인 수많은 전쟁으로 재정이 거덜 나기 직전이었고, 결국 프랑스의 영토는 그가 전쟁을 벌이기 전보다 더 줄어들었다. 이 고단한 역사가 훗날 혁명으로 불을 지피게 되건 말건, 오만한 동상은 그 자리를 지키고 있다. 동상 주변엔 고급 패션 부티크들이 원을 그리며 주머니 두둑한 고객들을 기다린다.

    빅토리아 광장에서 완만한 내리막길을 한참 가로질러 가다가 우회전하면 또 다른 세계가 펼쳐진다. 원색의 알록달록한 퐁피두센터를 눈앞에 두고 좌회전하면 그때부터 마레 지구다. 마레는 본래 늪지대라는 뜻이다. 루브르가 왕실의 궁전으로 쓰이던 시절, 귀족들은 주로 마레 지역에 그들의 집을 지고 살았다. 그러나 루이 14세가 베르사이유에 궁전을 세우면서 일부 귀족들은 거처를 베르사이유로 옮겼고, 1789년 혁명은 바스티유 감옥을 습격하는 데 그치지 않고 아직 남아 있던 이곳의 귀족들을 그들의 대저택에서 내쫓았다. 그들의 빈자리를 채우기 시작한 건 수공업자들이었다. 오늘의 마레에 독특한 디자인의 옷가게, 구둣가게, 장신구가게들이 많으면서 동시에 멋진 박물관들과 도서관, 문화적 미션을 가진 공공건물들이 즐비한 것은 바로 이러한 역사적 배경을 가진 탓이다. 29번 버스는 마레 지구의 심장부를 관통하는 유일한 버스. 29번 버스를 타고 마레를 지날 때면, 길이 막혀도 좋고, 비가 오면 더 환영이다. 비 오는 버스 안에서 휘황한 거리를 천천히 바라보며 좋아하는 노래를 듣는 것, 내가 가장 즐기는 사치 중 하나다. 버스는 카르나발레 박물관(파리역사박물관)을 지나 마레에서 가장 화려하고 인파가 많이 몰려드는 거리인 프랑 부르주아 가Rue des Francs-Bourgeois를 따라 달린다. 그리고 보쥬 광장이 오른쪽으로 보이면 마레 지구의 끝자락에 온 것이다.

보쥬 광장을 벗어나면 버스는 이제 바스티유 광장을 향한다. 혁명이 무너뜨린 감옥의 자리엔 이 1830년의 혁명을 위해 희생한 사람들의 이름을 새긴 탑이 세워져 있다. 대규모 집회가 열릴 때면 이 바스티유 광장은 항상 중요한 기점이 되곤 한다. 사람들은 감옥을 부수고, 단두대에 왕과 왕비를 세웠던 그 결기를 매번 회상하고 싶어 한다. 그렇게 언제나 민중들의 손으로 권력의 멱살을 잡아 뒤흔들지 않는 한, 역사는 저절로 바른 길로 흘러가지 않기 때문이다. 광장 뒤로는 웅장한 바스티유 오페라 극장이 서 있다. 미테랑 대통령 재임 중(1981-1995) 진행한 일련의 대공사 프로젝트 중 하나다. 1989년 프랑스 혁명 200주년을 기념하여 개관한 이 극장은 오페라 가르니에가 지나치게 화려한 장식으로 시민들의 쉬운 접근을 위축시킨다는 판단에 근거하여, 정반대로 모던하면서도 대중적인 콘셉트로 지어졌다. 그러나 지나치게 강조된 무미건조함, 혁명 200주년에 완공하기 위해 서둘러 마무리된 공사는 두고두고 이 건물을 많은 구설에 오르게 했다.

오페라 하우스를 왼쪽으로 끼고 돌면 리옹역이 등장하며 시선을 압도한다. 1849년부터 공식적으로 문을 연 이 역에서는 프랑스 남동쪽에 있는 도시들, 디종, 안시, 아비뇽, 니스, 몽펠리에 등뿐 아니라, 스위스 제나바, 로잔, 쮜리히, 이탈리아의 밀라노, 베니스, 스페인의 바르셀로나로 가는 기차를 탈 수 있다. 리옹역은 기차역일 뿐 아니라 2개의 RER선과 2개의 지하철 노선이 교차하는 곳이기도 하다. 기차역에서 근사한 배웅을 준비하는 사람들을 위한 멋진 레스토랑 트랭 블루(TRAIN BLEU, 푸른 기차)도 역사 안에 있다. 1901년에 처음 문을 연 이 유서 깊은 식당은 1900년대 네오 바로크 양식을 잘 보존하고 있는 곳. 문화유적으로 지정되어 있기도 하고, 수차례 영화의 배경으로 등장하기도 했다. 다소 비싼 가격대의 정성어린 음식들이 나오는 곳이긴 하지만, 기차역에서 먹는 음식은 맛없다는 통설을 완벽하게 깨주는 식당임엔 틀림없다.

29번 버스는 파리 외곽의 경계선까지 더 이어지지만, 29번은 리옹역에서 마감하고 새로운 여행지로 발걸음을 옮기시길 바란다.

죽은 자들의 마을,
페르 라셰즈 *Père Lachaise*

파리에 처음 도착한 다음날, 나를 잠시 자기 집에 머물게 해준 친구의 학교 교장이 죽었다. 친구는 자크 르콕이라는 연극학교에 다니고 있었다. 교장은 그 학교의 설립자이자 세계 곳곳의 연극에 미친 청춘들을 불러들여 그들 속에 있던 연극혼을 끄집어내 주는 살아있는 전설이었다. 죽기 직전까지 자신의 연극 메서드를 전수했던 그가 하필 내가 파리 땅에 발을 딛자마자 숨을 거두었다. 친구는 사막에서 길 잃은 사람처럼 망연자실해 했다. 왜 나의 새로운 출발은 누군가의 죽음과 함께하는 건지…. 이 난해한 질문이 몸을 휘감으며 몇 날 며칠을 친구와 함께 침울해 했다. 그리고 살아서 한 번도 본 적 없는 그 남자의 장례미사에 참석했다.

파리 시청 건너편, 백화점 BHV 뒤편에 있던 빌레트 교회(Église des

Billettes, 1427년에 지어진 교회로 파리에 유일하게 남아 있는 중세시절의 교회)에서 치러진 장례미사엔 그 학교를 졸업한 수많은 연극인들, 재학생들이 모여들었다. 미사가 시작되었고, 숙연한 슬픔이 한 바퀴 모든 사람들의 가슴에 공명하는가 싶더니, 잠시 후 어둡고 무겁던 공기는 밝고 가벼운 빛에 자리를 내주기 시작했다. 죽은 자는 산 자들을 불러 모았고, 산 자들은 르콕이라는 남자에 얽힌 각자의 추억을, 그로 인해 시작된 모든 사람들의 인연을 환기하며, 그들의 삶과 오늘의 만남을 축복했다. 파리의 겨울답지 않게 청명했던 그날. 산자들의 얼굴에 옅게 번지던 투명한 환희가 어둠을 마침내 완전히 뒤덮는 것을 보았다. 이날은 파리에 대한 나의 첫 인상 속에 깊게 각인되었다. 슬픔을 오래 가장하지 않는 사람들. 죽음과 삶이 스쳐가며 서로의 어깨를 다독이고, 삶의 기쁨이 가식 없이 뿜어 나오도록 자리를 내어주며 조용히 사라져간 죽음의 그림자. 그들에겐 관습이 강요하는, 통곡을 기어이 뿜어내야 하는 연극이 필요치 않았다.

서로 다른 죽음의 무늬

그 후, 나는 파리 시내에 있는 가장 큰 공동묘지, 페르 라셰즈를 종종 들렀다. 오자마자 접했던 하나의 인상적인 죽음은 삶의 끝으로부터 이 새로운 세계를 이해하는 열쇠를 내게 전했고, 나는 그 길을 따랐다. 아는 사람 하나 없는 이 도시에서 내가 일방적으로나마 아는 사람들

은 대부분 죽은 사람들이었고, 나는 그들을 만나 차분히 인사를 건네고 싶었다.

페르 라셰즈. 얼핏 아기자기한 빵집을 연상케 하는 달콤한 이름을 가진 이 공동묘지에 처음 발을 딛었을 때, 나는 도무지 입을 다물 수 없었다. 서울과 그 어느 한구석도 닮지 않은 도시가 파리지만, 공동묘지의 풍경은 다름의 극단을 보여주고 있었다고나 할까.

산 위에 또 다른 작은 산들이 봉긋봉긋 솟은 모양의 한국식 공동묘지를 처음 접했던 때가 열여섯이었다. 흙에서 나서 흙으로 돌아간다는 말 그대로, 죽은 자들이 하나같이 잔디로 덮인 흙을 덮고 누워 있던 그 모습은 그대로 장관이었다. 비석에 새겨진 이름을 제외하면 그 모든 봉분은 같은 모습이다. 각자의 개성과 취향을 드러내지 않고, 흙에서 왔던 것처럼 흙 속에 조용히 묻혀 사라져가는 데에 아무도 문제를 제기하지 않는다. 임금도, 백성도.

"그런데 여긴, 죽는 순간까지 예뻐야 하는 거야?" 이 말이 절로 입에서 튀어나왔다. 망자의 삶이 누려온 색깔과 남겨진 자들의 망자에 대한 애틋함을 저마다의 미감을 담아 반영해야 하는 것이 이 나라 묘지의 사명인 듯, 온 힘을 다해 망자의 살아생전 모습을, 그의 개성과 남달랐던 삶을 담아내려 애쓴 흔적이 역력하다. 같은 무덤은 하나도 없다. 그들의 삶이 모두 달랐던 것처럼. 어떤 무덤은 익살맞고, 어떤 무덤은 정갈하며, 어떤 무덤은 심지어 포스트모던하다. 무덤을 꾸미는 것은 산자들의 몫이고, 사람이 죽고 무덤이 만들어지는 데까지 걸리는 시간은 지극히 짧건만 죽은 자들의 개성과 미감을 담고 있는 묘지들이 자아내는 경이는, 그 어떤 세상의 박물관에서도 볼 수 없는 프랑스라는 사회의 인류학적인 미감을 드러내주는 가장 풍요롭고 흥미진진한 박물관이었다. 그것은 흡사 죽은 사람들이 모여 사는 작은 마을 같았다. 실제로 문이 있고, 그 문을 열면 위패가 있는, 작은 집Chapelle 같은 형태의 무덤들도 종종 있었다.

연간 300만 명의 관람객들이 페르 라셰즈를 찾는 가장 큰 이유는 물론, 이곳에 잠들어 있는 많은 유명한 사람들의 무덤 앞에 서기 위해서다. 에디트 피아프, 마리아 칼라스, 이브 몽땅, 마르셀 푸르스트, 도어스Doors의 리드싱어였던 짐 모리슨, 쇼팽, 이사도라 던컨, 오스카 와일드, 발자크, 모딜리아니, 그리고 최근 이곳에 자리를 잡은 샤를리 에브도의 만화가 티그누스까지….

1804년 처음 페르 라셰즈 공동묘지가 문을 열었던 해에는 겨우 13명의 망자가 이곳에 들어왔다. 새로 문 연 공동묘지가 명성을 얻게 하기 위해 당시 파리 시가 사용한 방법은 스타 마케팅. 당시로선 대중의 마음을 사로잡을 수 있는 최고의 인기인, 우화작가 라퐁텐과 희곡작가이자 연출가, 배우였던 몰리에르의 묘를 이곳으로 이장해 온다. 그리고 그들의 스타 마케팅은 적중했다. 1817년 이 두 사람의 묘가 이장된 후, 페르 라셰즈에 묻히고 싶어 하는 사람들의 숫자는 기하급수로 증가, 1830년엔 3만 3천 개의 묘가 이곳에 자리 잡게 된다. 지금 페르 라셰즈는 바티칸 시국의 면적에 육박하는 44헥타의 면적에 백만 명의 망자들이 머물고 있다.

당신에게, 파리

파리 코뮌의 기억

한때 이곳은 격렬한 투쟁의 장이기도 했다. 1871년, 프러시아와의 전쟁에서 패한 프랑스는 프로이센과 평화조약을 체결하기 위해 국민의회를 구성하면서, 프로이센에게 일방적으로 유리한 내용과 왕당파들의 기득권 고수를 위한 내용으로 조약을 체결하였다. 이러한 굴욕과 역사적 후퇴를 받아들일 수 없던 파리 시민들이 시민정부를 구성한 것이 바로 파리 코뮌이다. 1789년 혁명주의자들의 정신을 그대로 계승하는 이들은 무상교육, 야간작업 폐지 등 당시로선 급진적인 조치들을 두 달간 취해가며 프랑스는 물론 유럽 곳곳의 시민계급에게 다시 한 번 혁명의 기운을 고취시켰다. 그러나 베르사이유로 도망갔던 귀족들과 정부군은 두 달 만에 반격을 시작했다. 1871년 5월21일 시작된 반격은 5월 27일에 이르러 페르 라셰즈에서의 격렬한 전투로 이어진다. 시민군들은 페르 라셰즈의 묘 사이에 숨어 정부군과 격전을 벌였으나, 수백 명의 시민군들이 정부군의 총에 맞아 사살되었고, 그 흔적은 페르 라셰즈 안에 있는 파리 코뮌 병사들의 벽Mur des Fédérés에 고스란히 남아 있다. 그 다음날 뱅센 성에서의 격전을 끝으로 두 달간의 파리 코뮌 역사는 막을 내린다. 일주일간의 전투에서 시민군은 2만 명이 사망하고, 3만8천 명이 체포되었으며 7천 명 이상이 추방당하는, 전무후무한 피의 한 주가 그렇게 흘러갔다.

예술가들은 파리에 와서 묻히다

페르 라셰즈에서 가장 많은 관람객들이 찾는 묘는 미국의 록그룹 도어스Doors의 리드 싱어였던 짐 모리슨의 무덤이다. 베트남 반전운동이 한창이던 60~70년대, 반항하는 히피들의 영웅이었던 그는 공연 중에 성기를 드러내 놓는 파격적인 행동으로 미국에서 실형을 살았고, 자신을 감금했던 미국을 떠나, 자유의 땅(!) 프랑스를 찾아와 휴가를 즐기던 중 마약 과다복용으로 사망한다(1971). 그의 나이 27살이었다. 짐 모리슨이 누구인지를 내게 알려준 사람은 무라카미 하루키였다.

"짐 모리슨이 사라진 지 십이 년이 흘렀다. 그런데도 그의 노래는 아직도 살이 타들어가는 냄새를 오디오 주위에 풍긴다. 그가 당장이라도 집으로 찾아와 문을 두드릴 것 같다. 짐 모리슨은 절대 전설 따위가 아니다. 전설이라는 왕관으로도 그의 공백을 메울 수는 없었다."

짐 모리슨의 묘를 찾는 관람객들은 금기를 거부하는 광란의 콘서트를 펼치던 그를 위로하기 위해 거침없는 퍼포먼스를 그의 무덤 앞에서 펼쳐 왔다. 그 앞에서 마약을 피거나 낙서를 하는 건 물론이고, 성행위를 벌이는 커플들도 심심치 않게 발견되었다. 급기야 시당국은 짐 모리슨 묘 주변에 철창을 둘러씌우게 되었다. 선동가들이 남겨 놓은 진동이 그들의 사후에도 여전히 도발적 충동을 전파하는 현상은 아일랜드 출신의 작가 오스카 와일드에게서도 마찬가지다.

동성애로 영국에서 옥살이를 하다가 추방당해 프랑스로 건너와

당신에게, 파리

죽음을 맞은(1900년) 그의 묘도 1세기가 넘은 지금까지, 그를 연모하는 수많은 추모객들의 발길을 잡아끈다. 그들의 과도한 애정표현이 급기야 투명한 칸막이를 그의 무덤가에 둘러싸게 만들었지만 사람들은 여전히 오스카 와일드의 무덤에 쉼 없이 진한 키스자국을 남겨 놓고 있다. 어쩐지 페르 라셰즈에서 만든 스캔들과 멀리한 채 고요히 휴식을 취하고 있는, 내가 가장 만나고 싶었던 묘는 이사도라 던컨의 그것이다. 다시 새로운 사랑을 만났다며, 그 남자의 차에 올라타 새로운 모험을 향해 몸을 던지던 그녀는 긴 스카프가 자동차 바퀴에 감기며 세상을 떠났다. 그녀는 화장되었고, 그녀의 재가 된 육신은 납골당에 간단한 명패 하나만을 표식으로 남겼다.

이탈리아 출신 비운의 화가 모딜리아니, 폴란드 출신 작곡가 쇼팽까지 놀랍게도 방문객들을 불러들이는 숱한 묘들의 주인은 외국에서 파리에 뼈를 묻으러 온 예술가들이다. 쇼팽의 묘 앞에는 프랑스와 폴란드의 국기가 나란히 꽂혀 있다. 그들은 자신의 몸과 영혼을 불살라 예술을 남겼다. 우리에게 시대와 국적에 상관없이 간절한 연모를 품게 만드는 이들은 오직 예술가뿐이다. 미국에서, 아일랜드에서, 이탈리아에서 그들은 바다를 넘고 산을 넘어 파리로, 그들의 영혼을 불사르고 뼈와 살을 묻으러 왔나 보다.

어느 누구도 정치인, 군인, 기업인의 묘에 꽃을 바치러 오지 않는다. 관광객들을 이끌고 다니며 페르 라셰즈를 안내하는 나이든 가이드는 연거푸 말한다. 아직 죽지 않은 당신들, 언제 당신들의 차례가 올지 모른다. 살아있는 동안, 모든 것을 누리라. 우리가 예술인들의 무덤을 찾는 것, 그들이야 말로 인생을 가장 풍요롭게, 창조하며 사랑하며 살았던 사람들이기 때문이 아닐까.

info

찾아가는 법 ① 지하철 2호선과 3호선 페르 라셰즈Père Lachaise역에서 하차하여 메닐몽탕 가 Boulevard de Ménilmontant 표지판을 따라 300미터 정도 걸어가면 정문이 나온다. 공식적인 정문인 이 출입구로 접근할 경우, 완만한 오르막길을 따라 올라가며 묘지를 방문하게 된다.
② 지하철 3호선 감베타Gambetta역에서 내려 뤼 페르 라셰즈Rue du Père Lachaise를 따라 200미터를 걸으면 납골당에 가까운 또 다른 출구로 접근할 수 있다. 여기서는 내리막길을 걸으며 묘지를 방문한다. 입장은 무료고, 아침 8시 반부터 오후 6시까지 개방되어 있다. 입구에서 지도를 판다. 가이드 책자에도 대부분 페르 라셰즈 묘지의 인기 있는 묘에 대한 소개가 있으니 그것을 참고해도 되겠다. 지도가 없으면 백만 개나 되는 묘 중에 자신이 찾고 싶은 묘 앞에 우연히 서게 될 확률은 매우 낮다는 사실을 염두에 둬야 할 것.

당신에게, 파리

비아뒥 데 자르(*Viaduc des Arts*, 예술의 고가다리)와
하늘정원 *Coulée Verte*

　　바스티유 오페라 뒤를 따라 걷다보면, 갑자기 다른 시대로 발을 잘못 디딘 듯, 언뜻 이해되지 않는 수수께끼 같은 공간을 만난다. 아치 모양의 다리 밑 공간을 커다란 유리로 막아, 실내공간을 만들어낸 것 같은? 한 십 년을 그렇게 궁금해만 하다가, 어느 날 그 공간들이 '진짜' 철로가 다니던 다리를 막아 만들어낸 공간이란 사실을 알게 되었다. 버려진 철로. 그 철로를 받치던 교각. 그리고 무용하게 남겨진 역은 모두 차례로 새로운 옷을 입고 다시 태어났다. 철로는 공중에 길게 놓인 산책길로 탈바꿈했고, 철로 밑 아치 모양의 빈 공간들은 하나하나가 공방, 갤러리, 인쇄소, 카페 등으로, 그 전체는 기다란 하나의 아틀리에 단지로 탈바꿈한다. 그리고 그 철로가 닿아 있던 기차역 자리엔 바스티유 오페

라가 들어섰다.

    철로가 다니던 고가다리가 만들어졌던 건 1859년이다. 100여 년간 철로로 사용되던 이 다리가 바스티유 역사 폐쇄와 함께 무용지물이 되면서 수십 년간 버려져 있던 것을 새로운 공간으로 탈바꿈시킨 것은 1990년. 다리는 붉은 벽돌로 단장하고, 유리와 밝은 색 나무로 창틀을 짠 멋진 공간들이 만들어졌다. 여기엔 가구, 도자기, 보석, 가죽공예 등을 만들어내는 50여 개의 예술공방들과 갤러리들이 들어섰다. 리옹역 주변의 을씨년스럽던 동네 분위기는 새롭게 들어선 공방들로 독특한 콘셉트의 운치 있는 공간으로 다시 태어났다.

    그리고 그 위로 다니던 철길은 하늘정원으로 탈바꿈했다. 철도가 멈춰선 그 자리에 가장 먼저 찾아든 것은 어디서든 생명을 뻗치는 식물들이었다. 철로를 걷어내고, 제멋대로 자라나던 야생의 자연과 정원사들의 정교한 손길이 닿은 꽃과 나무들이 만나 성공적인 정원이 탄생했고, 4.5킬로미터에 이르는 멋진 산책로가 만들어졌다. 바스티유 오페라에 있는 계단을 따라 올라가면 시작되는 이 길은 뱅센 숲Bois de Vincennes으로 이어진다. 산책을 하는 사람, 벤치에 앉아 피크닉을 즐기는 사람, 조깅을 하는 사람들을 언제나 마주칠 수 있다. 누군가 알려주지 않으면 절대 그 위에 이런 것이 있다는 걸 상상할 수 없는, 공중 속에 감춰진 비밀 산책로. 이 길을 따라 걸으며 양옆으로 펼쳐지는 도시 풍광을 감상하는 것, 그 길의 끝에서 뱅센 숲과 만나는 것은 각별한 경험이다.

info

산책로 개방시간 08:30〜21:30

찾아가는 법 지하철 1, 5, 8호선 바스티유Bastille역에 내려서 오페라 바스티유Opéra Bastille 쪽 출구로 나온다. 오페라 극장 뒤편 리옹 가Rue de Lyon를 따라가다 보면, 극장 바로 뒤편에 비아둑 데자르Viaduc des Arts와 그 위의 하늘정원이 함께 모습을 드러낸다.

마레Marais의 오아시스,
스웨덴 문화원과 조르쥬 깡 공원Square Georges-Cain

과거에 파리의 여행자들이 가장 좋아하는 동네가 샹젤리제였다면, 지금은 단연 마레가 아닌가 싶다. 마레 구석구석 모든 길에서 일 년 내내 이 동네를 탐닉하는 여행자들을 마주친다. 그렇게 모든 여행자들의 안마당이 된 마레이건만, 여기에도 여전히 붐비는 길이 있고, 신기하게도 한가한 길이 있다. 로지에 가Rue des Rosiers와 프랑 부르주아 가Rue des Francs-Bourgeois가 관광객들로 발 디딜 틈 없는 길이라면, 그 두 길과 직각으로 만나는 빠엔 가Rue Payenne나 보쥬 광장 정면으로 나 있는 베아른 가Rue de Béarn는 유난히 한적하다. 빠엔 가를 내가 특별히 연모하는 이유는 거기에 있는 스웨덴 문화원 때문이다. 마당이 있는 멋진 대저택에 자리 잡고 있는 스웨덴 문화원엘 가면, (당연하게도) 언제나 스웨덴스러운-모던하면서도 살짝 시골스런 풋풋함이 교차하는 예술작업들이 전시되고 있고, 일층 왼편엔 카페테리아가 따뜻하게 사람을 맞아준다. 귀여운 주근깨를 콧등에 잔뜩 얹은 수줍은 스웨덴 아가씨들이 무슨 케이크를 먹을 거냐고 상냥히 물을 때, 매번 망설여질 만큼 거기서 파는 모든 케이크는 먹어줄 만하다. 당근케이크, 복숭아케이크, 호두케이크…. 무엇을 선택해도 후회하지 않는다. 신기하게도 그녀들은 지쳐 있지도 않고, 결코 손님들을 기계적으로 대하거나 '고갱님'으로 대하지 않는다. 감칠맛 나는 스웨덴 케이크 이외에도, 그 골목으로 자꾸만 발이 가는 이유는 바로 거기에 있는 것 같다. 가정집에서 내오는 것 같은 넉넉한 양의 차와 리필되는 커피, 장사꾼의 냄새가 하나도 안 나는 스웨덴 처녀들을 만나는 소박한 기쁨은 이케아 가구가 턱턱 놓여 있는 그 공간으로 자꾸만 발을 잡아끈다.

    그래서인지 그 카페테리아는 언제나 손님들로 붐비지만, 햇볕이 좋은 날이면 케이크를 들고, 마당 가득 놓여 있는 테이블에 느긋하게 앉아 있어도 된다. 문화원 정면에는 작은 공원이 하나 있다. 케이크를 먹을 자리가 없으면 접시는 놔두고 케이크만 냅킨에 싸서 그 공원으로 자리를 옮겨도 좋다. 가슴을 앞으로 살짝 앞으로 내밀고 있는 자그마한 여인상(아리스티드 마이욜의 작품이다)이 가운데 놓인 이 동그란 공원의 이름은 조르쥬 깡Square Georges-Cain이다. 거기 앉아 있으면 믿기지 않는 평화에 폭 파묻힐 수 있다.

info

찾아가는 법 지하철 1호선 생 폴Saint-Paul역 하차
주소 11, Rue Payenne 75003 Paris
운영시간 화~일 12:00~18:00 (월 휴무)

당신에게, 파리

두 배 더 행복한 여행을 보장하는 세 개의 단어

봉쥬르 *Bonjour*,
메르씨 *Merci*,
실 부 쁠레 *S'il vous plaît*

이 세 단어는 파리 여행의 성패를 좌우하는 키워드다. 소문대로, 파리사람들은 그다지 친절한 인간들이 아니다. 그러나 12년 정도 살아본 사람의 경험으로 말하건대, 또 그다지 몹쓸 인간들도 아니다. 이들과 소통하기 위한 몇 가지 간단한 코드만 이해하면 아무 문제없이 부드럽게 지낼 수 있다.

명심해야 할 첫 번째는 파리에서 손님이 왕이 아니란 사실이다. 손님과 종업원은 서로에게 필요한 것을 주고받는 대등한 관계일 뿐인 것이다. 가게나 카페를 찾아온 사람은 바로 '손님'이므로, 찾아온 사람이 먼저 인사를 하는 게 이쪽의 룰이다. 어딘가에 들어가거든 먼저 "봉쥬르"를 하시고, 커피든 물이든 와인이든 뭐든 주문할 때는 반드시 뒤에 "실 부 쁠레"를 붙이시라. 이건 직역하자면, "당신이 원하신다면"이란 말이다. 즉, 이 말을 붙임으로써 내가 그에게 명령을 하는 것이 아니라 "당신도 괜찮다면 좀 갖다주실 수 있나요?" 하고 부탁하는 것이 된다. 종업원이 뭔가를 갖다주기 시작하면 그것이 식탁에 놓이는 순간 무조건 "메르씨"를 외치시기 바란다. 여러 번 해도 상관없다. 그것은 종업원에게 난 당신을 대등하고 예의 있게 대하고 있다는 신호다. 나중에 돈을 내긴 하겠지만 커피를 달라고 한 건 나였고, 그래서 그 요구대로 갖다주었으니 감사해야 하는 게 여기 룰이다. 그 룰에 익숙해 있는 이 사람들에게 그 룰을 안 지키는 손님이 오면, 몸과 마음은 반사적으로 '덜' 친절해진다.

프랑스 아이들이 말을 시작하면 부모는 물론 그들을 둘러싼 사회 전체의 사람들은 이 세 단어를 세뇌 수준으로 반복교육 시킨다. 아이들이 어른에게 뭔가를 달라고 명령형으로 말하면, 그 말을 듣는 어른은 반드시 "어, 지금 무슨 말이 빠진 거 같은데…. 그래서 난 네 말을 잘 못 알아듣겠는데?" 하고 말한다. 실 부 쁠레를 말하도록 가르치는 방법이다. 봉쥬르, 메르씨, 실 부 쁠레로 무장한 파리여행은 200퍼센트 즐거워질 것을 장담한다.

센 강으로 가는 가장 아름다운 길, 바르 가 *Rue des Barres*

모로 가도 서울만 가면 된다고 누가 말했던가. 각자가 가진 철학의 문제이겠지만, 내 경우엔 목적지가 아니라 거기에 이르는 과정이 더 중요해 보일 때가 많다. 시험 성적이 아니라, 시험을 준비하는 과정에서 얻게 된 지식이 더 중요하며, 누구와 결혼했느냐가 아니라, 어떤 연애를 하고 어떤 사랑을 하며 살았느냐가 더 중요한 것처럼. 그래서 난 어떤 길인지가 늘 중요했다.

내가 찾아낸 센 강으로 가는 가장 아름다운 길은 바르 가를 따라가는 것이다. 지하철 1호선 생 폴역에서 내려, 프랑수아 미롱 가 *Rue Francois Miron*를 걷는다. 물론 프랑수아 미롱 가도 맛집과 아기자기한 소

품가게들이 그득한 흥미로운 거리다. 잠시 파리 시청 쪽을 향해 걷다보면, 왼쪽에 교회가 보인다. 계단을 몇 개 올라가 교회를 오른쪽에 끼고 서면, 거기가 바르 가다.

　신앙이 있건 없건, 생 제르베 Saint-Gervais 성당 내부를 한 번 둘러보는 것도 권하고 싶다. 아침 6시부터 저녁 9시까지 언제나 개방되어 있다. 1492년에 짓기 시작하여 150년에 걸쳐 완공된 이 고딕 성당은 내가 들어가 본 파리의 성당들 가운데 유일하게 성스러움의 냄새를 느낄 수 있게 해준 성당이었다. 종교를 가지고 있지는 않지만, 성스런 기운이 몸에 휘감기는 순간에 대한 감각은 갖고 있다. 일요일 오전이던가, 쓱 들어갔던 그곳에서 미사가 진행되고 있었는데, 그곳에서 마음을 씻고 싶어 하는 사람들의 간절함이 빛으로 서려 있었달까. 방해할까 두려워 금방 나왔지만 머리 끝자락에 그 순간의 감각이 전해졌다.

　조금 더 걸으면 완만한 내리막길 옆으로 사진 갤러리와 카페와 레스토랑 등이 나온다. 그중에서도 파란색으로 칠해 있는 카페&레스토랑 에불루이앙테 l'Eblouillanté가 가장 인기 높은 곳이다. 언제나 태양에 열광하는 이 나라 사람들은 테라스 가득 놓여 있는 그 자리에 앉고 싶은 유혹을 이기지 못한다. 간단한 샐러드나 타르트 정도를 먹을 수 있지만, 그 매력적인 자리에 비하여 가격은 소박한 편이며, 그 맛도 충분히 존중해줄 만하다. 매력적인 테라스를 가득 품은 이 바르 가는 매우 짧다는 단점을 갖고 있다. 몇 발자국 걷다보면 벌써 길이 끝나, 자꾸 뒤돌아보게 하는 길이다.

그 길의 끝은 퐁 루이 필립 가Rue du Pont-Louis-Philippe와 맞닿아 있고, 눈앞에 카페 루이 필립Café Louis-Philippe이 자리하고 있다. 이층에 앉으면 센 강과 노트르담이 한눈에 보이는 멋진 풍광을 자랑한다. 종업원들은 친절하고, 부르고뉴식 정통 프랑스 요리를 비싸지 않은 가격에 제대로 맛볼 수 있다. 카페 루이 필립을 지나면, 거기 센 강이 흐른다. 퐁 루이 필립으로 건너도 좋고, 좀 더 왼쪽으로 가서 퐁 마리로 건너도 좋다. 강을 건너면 아기자기한 박물관 같은 섬, 생 루이를 만날 수 있다.

info

- **카페 루이 필립**Café Louis-Philippe

  주소 66, Quai Hôtel de Ville 75004 Paris

- **카페 에불루이앙테**Café l'Eblouillanté

  주소 6, Rue des Barres 75004 Paris (월 휴무)

라탱 구역Quartier Latin에서
옛날 영화보기

라탱 구역은 파리의 정신적 심장이다. 그리고 그 심장의 문화적 동맥은 이 동네 골목골목에 있는 예술·실험 영화관들을 타고 흐른다. 지금이나 20세기말 이곳에 처음 왔을 때나 라탱 구역의 구석구석에 자리하고 있는 영화관들은 더 화려하지도, 더 초라하지도 않은 그 모습 그대로 자본의 논리를 비껴가는 시네마 천국의 카르텔을 조용히 지켜가고 있다. 그 작은 영화관들이 내게 주는 위로는 엄청난 것이며, 그들의 존재만으로도 파리란 도시는 세상에서 유일무이한 도시로 꼽힐 만하다.

프랑스란 사회엔 문화에 대한 각별한 사회적 인식이 있을 거라 믿고, 그래야만 한다고 간절히 바라며 처음 여길 왔었다. 그러나 내가 도착했을 무렵, 여기에서마저 문화는 점점 돈 먹는 하마라는 눈총을 받으며 그 위치를 위협받고 있었다. 프랑스 혁명 이후, 130년 동안 시민들에게 무료로 개방되던 루브르가 1922년 주 1회 무료입장으로 줄어들더니, 사회당 정부가 처음 들어섰던 80년대에는 매달 첫 번째 일요일만 무료로 축소되었다. 지금은 그마저도 관광객이 많이 드는 4월부터 9월까지는 전일 유료로 바뀐 상황이다. 이것만 보아도 21세기 신자유주의 프랑스 사회에서 문화는 돈벌이의 최전선에 놓여 있는, 거칠게 말하자면 국가라는 포주를 위해 창녀로 내몰린 상황이다. 그러나 아직 제 힘으로 버티고 있는 구석들도 적지 않다.

 인구 250만의 도시 파리에는 36개의 예술·실험 독립영화관이 있고 그중 12개가 라탱 구역에 있다. 그것은 세상에서 가장 다양한 영화들이 일 년 내내 상영되는 도시를 만들어주는 가장 튼실한 사회적 기반이다. 언제나 20년대, 30년대 영화를 볼 수 있고, 철지난 홍상수나 김기영, 박찬욱의 영화도 종종 관람할 수 있다. 파졸리니, 펠리니, 타르코프스키, 고다르 등 전설이 된 감독들의 고전들도 이 골목에선 일상적으로 만날 수 있다. 터키, 러시아, 이란, 칠레, 이스라엘, 아프리카의 영화, 그리고 미국에서 태어난 반항적 독립영화들을 가장 쉽게 접할 수 있는 동네도 이곳이다. 여기서 나는 비로소 사람들의 취향을 헤아려 주는 문명한 세계에 안착한 느낌을 받았다.

 상영관이 15개나 되지만 한 영화가 9개, 또 한 영화가 5개, 나머지 2~3개의 영화가 사람이 거의 들지 않는 상영시간대를 번갈아 채우던 지구 건너편의 세상에서 난 늘 뺨을 맞는 기분, 취향을 거세당하는 기분,

떠밀리는 기분이었기에 라탱 지구의 골목들에 포진해 있는 작은 영화관들의 존재는 더 위대해 보였다.

　라탱 구역은 또한 학생들의 거리다. 파리 1대학부터 7대학까지가 파리 5구와 6구에 해당하는 이 동네에 모여 있고, 파리고등사범을 비롯한 여러 그랑제꼴들도 이 동네에 밀집되어 있다. 바로 그들을 상대로 한 영화관들, 책방들이 골목 사이를 누비며 빽빽이 있는 곳이 바로 라탱 구역이다. 처음 소르본에서 어학을 할 때, 나도 이 동네를 일상적으로 어슬렁거렸다. 강의 사이 남는 시간에는 시네마 천국에 와 있는 특권을 누리곤 했다. 이 동네에 빽빽이 포진해 있는 그랑제꼴이나, 그랑제꼴 예비학교 학생들이 라탱 구역의 풍요로운 영화 환경의 혜택을 남용하다가 삼천포로 빠져들어 완전히 새로운 인생을 살게 되는 경우가 종종 있다는 얘기도, 그 실제 사례도 다수 접한 바 있다.

　매 시간대 다른 영화들로 채워진 상영시간표를 갖는 건, 이런 종류의 영화관들이 갖는 특징이다. 기껏해야 2~3관 정도의 작은 규모. 코앞까지 가지 않으면 거기에 영화관이 있는지도 잘 알 수 없다. 영화 상영시간 직전에 문을 여는 매표소 앞엔 사람들이 줄을 서 있다. 상영 10분 전쯤 누군가 나타나 표를 팔고, 표를 산 사람들이 모두 자리에 앉으면, 바로 그 표를 팔던 사람이 영화를 틀어준다. 20~30명이 오순도순 앉아 영화를 관람한다. '대박'은 이들에게 처음부터 기획되지 않는 사건이다. 바라지도 준비하지도 않기에 원천적으로 생겨날 수도 없다. 그 흔한 전단 하나 만드는 일 없기에, 관객들은 오로지 영화 프로그램 사이트나 잡

지에 난 리뷰 등을 보고서 자신의 취향과 호기심, 지적 욕구를 만족시켜 주는 물건들을 찾아 좁은 골목으로 찾아든다.

60~70년대, 누벨바그가 절정에 이르고, 영화가 사회의 변화를 추동하는 중요한 벡터로 작동하던 그 시절. 예술·실험영화 전용관들이 이 라탱 구역에 앞다투어 생겨났다. 그 시절 이 동네에서 청춘을 보내던 이들은 노인이 되어서도 여전히 이 익숙한 골목, 익숙한 영화관에서 익숙한 방식으로 영화를 만나며, 젊은 파리지앵들은 그들에게 주어진 이 특권을 누리는 데 게으름을 피우지 않아, 라탱 구역의 영화관들이 갖는 명성은 여전히 이 타락한 시절에도 이어지고 있다.

다른 나라에 가서 영화나 공연을 관람하는 일은, 내게 있어서 잠시나마 그들의 삶 속에 침투하는 일이다. 낯선 나라에 모처럼 발을 딛었건만, 알려진 관광지에 가서 오로지 관광객 틈바구니에서 머물다 오는 것처럼 허무한 여행은 없다. 난 대체로 공연장에 가는 걸 선호하지만, 라탱 구역에서 영화를 보는 일도 파리지앵들 사이에서 그들의 방식으로 세상을 즐기는 하나의 진한 문화적 경험이다. 영국에 가면 뮤지컬을, 이탈리아에 가면 오페라를, 파리에 와선 현대무용이나 라탱 가의 예술·실험영화 전용관에서 명화를 감상하시길.

info

· 아를르캥 L'Arlequin

주소 76, Rue de Rennes 75006 Paris

찾아가는 법 지하철 4호선 생 쉴피스 Saint-Sulpice역

몽파르나스 지역에 있는 이 영화관은 예술독립영화관 중 제법 큰 규모를 자랑한다. 1930년 처음 문을 열었고, 전설의 영화감독 자크 타티가 1962년 디렉터로 오면서 아를르캥이라는 오늘의 이름과 파리 시네필들의 성지라는 명성을 얻게 된다. 러시아와 러시아 주변의 구소련 연방국가들의 영화들을 자주 상영하며, 매년 러시아와 독일 영화 페스티벌이 열린다.

· 스튜디오 갈랑드 Studio Galande

주소 42, Rue Galande 75005 Paris

찾아가는 법 지하철 7호선 모베르 뮈투알리테 Maubert-Mutualité역, 지하철 10호선 클뤼니 라 소르본 Cluny-la Sorbonne역, 지하철 4호선 생 미셸 Saint-Michel역

30년 전부터 매주 금요일, 토요일 밤 10시에는 컬처 무비의 대명사 『록키 호러픽쳐 쇼』를 상영하고, 그날, 그 시간만은 광란의 파티가 객석에서 벌어져도 무방한 바로 그곳.

· 르플레 메디시스 Reflet Médicis

주소 3, Rue Champollion 75005 Paris

찾아가는 법 지하철 10호선 클뤼니 라 소르본 Cluny-la Sorbonne역, 지하철 4호선 생 미셸 Saint-Michel역

1964년 문을 연 전설의 예술영화 전용관. 세계영화걸작 100선 같은 영화상에 빛나는 걸작 영화들을 선별해 보여주는가 하면, 〈폴란드영화제〉, 〈이란영화제〉 등 흔히 보기 어려운 제3세계의 영화들을 선별하여 보여준다. 3개의 작은 상영관을 가지고 있다. 같은 길에 2개의 예술 · 영화전용관이 더 있다. 샴폴리옹 가는 가히 예술 · 실험영화 전용관의 거리라 할 만하다.

· 생 앙드레 데 자르 Le Saint-André-des-Arts

주소 30, Rue Saint-André-des-Arts 75005 Paris

찾아가는 법 지하철 4호선 생 미셸 Saint-Michel역, RER B선 생 미셸 Saint-Michel역

생 미셸 구역에서 가장 활기 넘치는 길 중의 하나. 홍대 앞을 연상하게 하는 열기와 재미가 그득한 이 길 한편에 1971년부터 자리 잡고 있는 예술 · 실험영화 전용관.

현대무용의 성지가 된 곳, 테아트르 드 라 빌 *Théâtre de la Ville*

　라탱 구역의 예술·실험 영화관들과 함께 파리의 문화적 파워를 경험하게 했던 경이로운 공간은 테아트르 드 라 빌*Théâtre de la Ville*이다. 테아트르 드 라 빌은 심심하기 그지없는 '시립극장'이란 의미다. 그러나 이 극장이 가지고 있는 그 화려한 레퍼토리를 보고 나면 이 밋밋한 이름마저 시크하게 느껴진다.

　파리의 한가운데 있는 지하철역 샤틀레(무려 7개의 라인이 교차한다)에 내리면 분수를 사이에 두고 마주보고 있는 두 개의 공연장을 만날 수 있다. 그중 센 강을 바라본 상태에서 왼쪽에 있는 극장이 테아트르 드 라 빌이다. 전 세계에서 가장 주목받는 현대무용들은 앞다투어 테아트르 드 라 빌의 무대에 오른다. 마기 마랭, 캐롤린 칼슨, 머스 커닝험, 장

파브르, 그리고 피나 바우쉬도. 피나 바우쉬는 언제나 7월 초에 그녀의 신작 무대를 선보이는 곳으로 테아트르 드 라 빌을 찾아왔다. 그녀가 죽은 후인 지금도 여전히.

나의 첫 파리살이가 시작되던 해. 수많은 거리의 공연 포스터들 가운데 유독 테아트르 드 라 빌의 포스터가 내 눈을 사로잡았다. 흑백의 사진으로 포착한 현대무용의 한 장면으로만 꾸며진 그 포스터들은 새로 붙이기가 무섭게 며칠 뒤면 매진이라는 스티커가 그 위에 얹히곤 했다. 프로그램이 바뀔 때마다 그런 현상이 계속 되었을 때 나는 내 눈을 의심하지 않을 수 없었다. 당시까지 나의 상식으로 현대무용이란 장르는, 극소수 사람들의 관심을 끄는 비대중적인 무대예술이었다. 적어도 한국에서의 경험은 그러했다. 한국에선 공연이 끝나고 객석에 불이 들어오면, 언제나 그 객석을 채우고 있던 다수의 사람들이 무용하는 사람들이거나 무용단의 친지나 친구들이었단 사실을 확인할 수 있었다. 스토리텔링이 구체적으로 없을 뿐 아니라 발레처럼 풍성한 눈요기 거리를 제공하는 것도 아니고, 오케스트라가 그들의 공연을 옆에서 거드는 것도 아니다. 무표정한 무용수들이 등장하여, 현대인의 삶이 마주치는 소외와 좌절, 분열과 갈등을 묘사하는 일이 대부분인 현대무용이 예술에서 위로를 구하는 다수의 대중으로부터 이해와 사랑을 받게 되는 일은 요원해 보였다. 그러나 그것은 우물 안의 개구리가 가졌던 오해였다.

말로만 듣던 '피나 바우쉬'의 공연 포스터가 붙던 어느 날, 나는 극장으로 달려갔다. 예매가 시작된 첫 날이었지만 내가 보고 싶은 날의

공연은 이미 매진이었다. 이 극장의 인기 있는 공연들은 연회원권을 가진 사람들에게 모두 선점되기 때문이었다. 단, 매일 21석씩을 각 공연날짜의 3주 전에 판매한단다. 선착순으로! 매표소는 오전 10시에 문을 열었다. 나는 7시에 공연장 앞에 도착하여 3시간 동안 줄을 선 끝에 2장의 표를 살 수 있었다. 장시간 줄을 선 끝에 장만한 피나 바우쉬의 공연을 본 경험은 각별할 수밖에 없었다. 그 속엔 현대예술이 표현할 수 있는 그 모든 것이 들어가 있었다. 그것은 몸으로 표현하는 현대의 장렬한 서사시였고, 아름답기보다 절박하며, 처절하게 부서져 내리는 것이었다. 온몸으로 하얗게 부서지며 달려오는 파도를 맞고, 다시 또 맞는 기분에 휩싸이게 했고, 그러면서 눈물에 녹아나는 각설탕처럼 내 몸은 흔적도 없이 그 파도 속에서 녹아내릴 것만 같았다. 그 첫 공연의 경험은 테아트르 드 라 빌이라는 각별한 공간의 이미지와 결코 유리될 수 없는 것이었다.

모든 공연이 순식간에 매진되는, 독보적인 지위를 가진 공연장이건만, 그들이 요구하는 입장료는 시장의 원리를 완전히 무시하고 있다. 첫 새벽에 극장 앞에서 줄을 세울지언정, 입장료를 올리지는 않았다. 1천 석에 이르는 이 대형 공연장의 모든 자리 가격은 같다. 당시엔 20유로 내외였고, 15년이란 세월이 흐른 지금은 30유로 내외다. 학생이나 어린이들은 이보다 낮은 가격을 지불한다. A석, S석. R석 따위의 차등이 없고, 3층 꼭대기나 측면 발코니 같은 불편한 좌석도 없다.

1862년, 마주 보고 있는 극장 샤틀레와 함께 세상에 태어난 테아트르 드 라 빌은 처음엔 연극 공연과 오페라 공연을 위한 공간이었고 오랫동안 전설적인 여배우 사라 베른하르트 극장이란 이름으로 불렸다. 현대무용 중심으로 레퍼토리를 전환하게 된 것은 1985년부터, 테아트르 드 라 빌이란 간판을 달게 된 건 그로부터 5년 뒤다. 방향 전환 후 30년, 테아트르 드 라 빌은 이후 세계 현대무용의 성지 위치를 굳히게 되었다.

인간의 육체를 매개로 하는 무용 공연은 세계 어디에서 보아도 직설적으로 우리 영혼에 소구한다는 매력을 지닌다. 언어나 악기 같은 제2의 도구를 통하지 않고, 인간의 몸에서 인간의 영혼으로 직접 전해지는 메시지는 해석의 단계를 거치지 않고 바로 흡수되곤 했다.

이 극장을 찾는 즐거움 중 하나는 바로 객석에 있다. 거기에 가면 파리에서 가장 멋진 인간들을 만날 수 있다. 나이가 들었건 젊었건 남자건 여자건 호모건 헤테로건, 이 극장에 드나드는 사람들은 내 눈에 세련된 감수성과 단단한 지성을 지닌 감미로운 인간들로 보인다. 물론 이건 분명 지독히 주관적 견해일 뿐이다. 한 번 보고 사람의 지성과 감성을 측량할 방법은 없다. 그러나 객석을 채우는 사람들을 보는 즐거움이 가장 큰 공연장이란 사실엔 의심의 여지가 없다. 공연, 특히 무용 공연을 보는 시간은 내게 영감을 충전받는 시간이다. 갖고 있는 문제, 프로젝트에 대한 해결의 실마리가 풀리지 않을 때, 나는 공연장이나 전시장에 가서 새로운 작품을 만나고, 그곳에 찾아든 사람들과의 스치는 만남 속에서 늘 번개 같은 해답을 얻곤 했다. 다른 나라에 가서 보았던 공연은 잊히지 않는 법이니, 그 영감의 효력은 더욱 각별하지 않을까.

매년 7월 중순부터 8월 말 사이에는 공연이 없다. 그건 프랑스 대부분의 공연장이 갖는 공통점이다. 모두가 그때는 바캉스를 떠나기 때문이다. 연간 주 5주의 유급휴가가 보장된 이 나라에선 부동산도, 방송국도(그래서 재방송만 계속 나온다), 동네 빵집도, 아파트 수위아저씨도, 당연히 공연예술가들도 남들 놀 때 같이 논다.

info

현대무용 마니아들의 성지인 만큼 많은 공연들이 일찍 매진된다. 특정 공연을 보고 싶거든 넉넉히 시간을 잡고 예매해야만 볼 수 있다. 공연 당일 극장 앞에 가면, 일찌감치 두 매를 예매해 놓고, 한 명만 올 수 있게 되었다며 남은 표를 극장 앞에서 파는 사람들을 심심찮게 볼 수 있다. 그들에게 남는 표를 사겠다고 서 있는 사람들도 많다. 간절히 그날 보기를 원한다면 그렇게 표를 사는 방법도 있다.

주소 2, Place du Châtelet 75004 Paris
찾아가는 법 지하철 1, 4, 7, 11, 14호선 샤틀레Châtelet역, RER A, B, D 샤틀레 레 알Châtelet-Les Halles역

샤이오 극장 Théâtre National de Chaillot

테아트르 드 라 빌이 국제적인 무용계 스타들의 새로운 작품들을 선보이는 성전이라면, 샤이오 국립극장은 프랑스의 재능 있는 예술가들을 위한 무대다. 아비뇽 축제를 창시했고, 프랑스 문화정책에 문화민주주의를 도입하고 실천한 최초의 인물로 평가받는 쟝 빌라Jean Vilar. 그가 디렉터를 하면서(1951-1963) 샤이오 극장은 최초의 민중극장 실험무대가 되었으며 그 전통은 지금까지도 내려오고 있다. 테아트르 드 라 빌의 경우와 마찬가지로 발코니 좌석과 2, 3, 4층으로 이어지는 높은 객석들을 모두 없애고, 모든 객석의 가격을 단일화했다(물론 어린이, 청소년, 학생, 경로자 우대는 따로 있다). 돈을 더 많이 낸 자가 아니라 부지런한 자가 더 좋은 자리를 차지할 수 있다. 이곳에선 현대무용과 연극, 곡예, 서커스

등의 현대적인 프랑스 무대 예술가들의 작품들을 관람할 수 있다. 확고한 명성을 가진 거장들의 무대가 테아트르 드 라 빌이라면, 샤이오 극장에선 프랑스 거장들의 작업과 동시에 젊은 신예들의 실험적인 무대가 같이 무대에서 펼쳐진다. 에펠탑을 한눈에 바라볼 수 있는 언덕 위에 자리 잡은 샤이오 극장은 에펠탑을 관망하기에도 적절한 공간이다. 극장 1층에 있는 카페&레스토랑 르 푸아예 드 샤이오 Le Foyer de Chaillot에서 보는 에펠탑의 야경은 단연 압권이다. 공연을 보러 가지 않더라도 카페&레스토랑은 일반인들에게 모두 개방되는 공간이니, 창가에 앉아 에펠탑 야경을 누릴 기회를 가져보시기 바란다.

© Théâtre National de Chaillot

뱅센 숲 *Bois de Vincennes*

　파리엔 두 개의 허파가 있다. 센 강이 가로지르는 아담한 사이즈의 도시 양옆으로 동쪽과 서쪽에 볼록한 주머니처럼 붙어 있는 뱅센 숲과 불로뉴 숲이 그것이다.
　사주가 온통 흙土으로 뒤덮여 산맥을 이루는 사람이어서 일까? 난 언제나 숲과 물을 그리워했다. 결국 숲 옆으로 이사와 살고 있기도 한데, 내가 정을 붙인 숲은 커다란 호수를 끼고 있는 뱅센 숲Vincennes이다. 학교에서 단체로 소풍을 오기도 하고 가족들이 주말에 피크닉을 오기도 하는, 평화의 공기가 몽실몽실 밀려오는 낙원 같은 곳. 일주일 정도 파리에 머문다면 반나절 정도는 여기서 보내도 좋을 것 같다. 특히 재즈 페스티벌이 열리는 여름이라면.

1천 헥타에 가까운, 파리에서 가장 큰 녹지이고, 전체 파리 면적의 1/10 정도를 차지할 만큼 거대한 공간이다. 중세시대엔 왕실의 사냥터로, 프랑스 혁명기에는 군사훈련 장소로 사용되었고, 나폴레옹 3세 때에 이르러 자연과 조화를 이룬 영국식 공원으로 새롭게 탈바꿈했다. 나폴레옹 3세는 뱅센 숲을 1860년 파리 시에 양도했으나 공식적으로는 1929년에 이르러서야 파리 시에 귀속된다. 네 개의 호수와 티베트 불교 사원, 뱅센 성, 경마장, 어린이 놀이시설 등 흥미로운 시설들을 품고 있는 뱅센 숲의 존재는 그 자체로 파리 시민들에게 큰 위안이다. 차를 타고 멀리 나가지 않아도, 녹색이 그리운 이들을 모두 품어줄 수 있을 만큼 넓은 이 공간에 주말이면 녹색의 위안을 찾아 산책 나온 사람들의 재잘대는 소리가 공중에 그득하다. 쉴 새 없이 나무를 오르내리는 다람쥐며, 긴 꼬리를 늘어뜨리고 태연작약 풀숲을 거니는 공작새를 비롯, 수백 종의 동물들이 숲에 서식 중이기도 하다.

플로랄 공원 Parc Floral

플로랄 공원은 뱅센 숲 한가운데 조성된 35헥터의 정원이다.

뱅센 숲은 자연적인 숲이지만, 그 안에 조성된 플로랄 공원은 섬세한 계획으로 조성된 일종의 야외식물원 겸 놀이 공간이다. 나비박물관, 인공호수, 어린이놀이터, 놀이도서관 등 다양한 시설이 갖춰져 있다.

매년 가을이면 국제 달리아 콩쿠르가 열리고, 봄에는 250종의 튤립이 공원을 가득 채우기도 한다. 다양한 놀이기구가 넓은 공간에 펼쳐져 있는 놀이터 옆에는 나무와 나무 사이를 몸에 로프를 연결한 상태에서 건너다닐 수 있는 아크로바틱 코스가 있어서, 130센티미터 이상의 신장을 가진 사람이면 어린이, 어른 누구나 참여하여 흔치 않은 모험에 나설 수 있다. 어린이놀이터는 무료지만 아르코바틱 코스 참여는 유료다. 적지 않은 수의 안전요원이 상주하고 있기 때문이다.

6월과 7월에는 주말(토요일, 일요일)마다 재즈 페스티벌이 야외에서 열린다. 매년 세계 각지에서 초대된 재즈 뮤지션들이 여름날 오후, 재즈 음악으로 공원을 가득 채우는 동안 관객들은 드넓은 잔디에 눕거나 앉아서 재즈에 몸을 맡길 수 있다. 파리에서 여름을 보내는 가장 멋진 아이디어 중 하나!

info
찾아가는 법 지하철 1호선 샤또 드 뱅센Château de Vincennes역 하차, 400미터 도보 이동.
각종 페스티벌이 집중되는 6월~9월 수, 토, 일 유료입장 (어른 6유로, 아이 3유로, 나머지 기간에는 무료).

갈색의 귀환, 유기농 카페
르 빵 코띠디앙 *Le Pain Quotidien*

파리에서 최근 몇 년간 또렷이 드러나는 음식문화 트렌드의 키워드는 한 마디로 '에콜로지'다. 눈만 돌리면 새로운 유기농 전문매장이 새로 생겨나고, 웬만한 레스토랑엔 하나둘 유기농 와인을 비치해 놓는 게 상식이 되었다. 아이들 학교 급식에도 적어도 하루 두 개 정도의 음식은 유기농으로 제공된다(디저트나 빵, 혹은 곡류). 에콜로지가 소비자들의 호의를 이끌어내는 기호가 된 것은 다행이랄 수 있지만, 모든 유기농이 결과적으로 에콜로직한 것은 아니다. 음식은 유기농이지만 그 음식을 담는 식기는 1회 용기를 사용하는 식이라면 이는 부르주아들의 구별짓기 도구로 유기농 식품이 전락한 케이스랄 수 있고, 유감스럽게도 에콜로지를 표방한 가짜 에콜로지 식당들이 적지 않다.

그중에서도 이 유기농과 에콜로지를 제대로 정착시킨 카페 체인 중 하나가 바로 '르 빵 코띠디앙(Le Pain Quotidien, 일상에서 먹는 평범한 빵이란 의미)'이다. 벨기에에서 시작된 이 카페 체인은 현재 파리에 열 군데 매장을 두고 있다. 각 매장에는 15명 정도가 함께 둘러앉을 수 있는 커다란 나무식탁이 하나씩 있다. 서로 모르는 사람들끼리 마주 앉거나 나란히 앉을 수 있도록 되어 있는 그 식탁 구조는 자연스럽게 사람들 사이의 거리를 좁히고 벽을 허무는 구실을 한다.

흰색은 자연스런 삶의 색은 아니다. 자연에서 나온 곡물은 그 무엇도 창백한 흰색을 띠지 않았다. 설탕도 쌀도 밀도, 그것의 원색은 갈색이다. 그리고 그 색깔 속에 곡물들이 가진 모든 미덕이 담겨 있다. 도정을 하여 현미를 백미로 만들고, 갈색 설탕을 백색으로 만들던 시대는 이제 곡물들의 원래 색인 갈색으로 회귀하는 시대로 접어들고 있다. 그리고 그 투박한 질감과 미덕까지 함께 되찾으려 하는 사람들이 도처에 등장한다. 그곳에서 일하는 사람들도 뭔가를 내려 놓은 듯 소탈함이 잔잔히 흐른다. 공간의 이미지에 사람이 동화되는 건지, 그런 식물적 아우라를 풍기는 사람들을 일부러 고심해서 뽑은 건지 알 길은 없지만.

이곳에선 드나드는 손님들 사이에서도 재미있는 에피소드를 쉽게 만난다. 한번은 여기서 지인을 만나는데 옆자리에 있던 한 여인이 내게 "Joie, Épanouissement, Prospérité"를 우리말로 적어달라 부탁했다. 태어난 지 6개월인 자신의 아이 방에 세계 각국의 언어로 적은 엄마의 기원을 붙여놓고 있다며. 나는 기꺼이 그녀가 내미는 종이에 "기쁨", "꽃피

움", "번영"이라고 적어주었다.

　　빵 코띠디앙의 테이블과 의자는 모두 밝은 색 나무들로 만들어져 있다. 제공되는 모든 설탕은 갈색의 유기농 설탕이고, 식탁 위에 놓인 소금도 정제하지 않은 굵은 소금이다. 그걸 갈아서 뿌리게 되어 있다. 풍성한 브런치로 유명한 이곳의 모든 야채들도 유기농 야채들이다. 아침식사에 제공되는 다양한 과일 잼들도 유기농인데, 이것을 조그맣게 낱개 포장해서 내놓는 것이 아니라 큰 유리병에 숟가락을 꽂아서 여러 고객이 그 숟가락을 이용해 나눠먹게 해두었다. 커피는 흰색 커피잔이 아닌 투박한 크림색 사발에 준다. 무엇보다 빵 코띠디앙의 메인은 유기농 밀가루로 만든 다양한 종류의 빵이다. 아침식사 메뉴를 시키면 다양한 빵들이 바구니 가득 나온다. 영혼을 위로하는 빵 냄새와 작은 사발에 담겨 나오는 커피를 보면 잠시나마 물색없이 행복감에 젖는다.

　　내가 주로 빵 코띠디앙을 찾는 시간은 아이를 학교에 데려다주고 난 직후인 아침 9시경이다. 마레에 있는 빵 코띠디앙을 찾아 커피 한 잔을 마시고, 책을 읽거나 글을 쓰는 시간을 갖곤 한다. 그 시간엔 아침을 먹으러 온 관광객들이나 나처럼 조용히 혼자서 생각할 거리나 일할 거리가 있는 사람들을 볼 수 있다. 넓은 나무식탁 위로 낮게 내려온 작은 등불 아래서 모든 사람이 평화롭게 이 시간을 나눈다. 점심시간에 가려거든 일찍 가거나 아님 조금 늦게 갈 것을 권한다. 빵 코띠디앙의 인기는 날이 갈수록 식을 줄을 몰라, 여기 앉아서 맛있는 샐러드를 먹으려는 사람들이 날마다 '줄'을 선다. 간신히 자리를 잡았더라도 줄을 서 있는 사람들을 보면 여유를 부리기 쉽지 않으니, 넉넉하게 오후 두 시쯤 가주는 게 좋다. 아니면 오전 11시 45분쯤 가든가. 키노아와 아보카도, 연어, 레몬, 민트로 어우러진 보기에도 건강미(味) 넘치는 샐러드. 블루베리와 아몬드, 바나나, 코코넛을 갈아 만든 스무디. 오감을 자극하는 이런 식단을 그다지 부담스럽지 않은 가격에 만날 수 있다.

빵 코띠디앙의 역사는 1990년 브뤼셀에서 시작된다. 벨기에의 제빵사였던 알랭 꾸몽은 어릴 때 가족들과 함께 먹던 그런 빵 냄새가 풍기는 카페를 열고 싶었다. 그가 어릴 때 가족들과 함께 행복을 나누었던 식탁과 음식들, 그때의 분위기가 그대로 오늘의 빵 코띠디앙의 모티브가 되었다. 그리고 그의 시도는 성공적으로 세계 곳곳에 뿌리를 내리는 중인 듯하다. 열 개의 파리 빵 코띠디앙 중에서 분위기 면에서 제일 좋았던 곳 몇 군데의 주소를 소개한다.

© La Pain Quotidien

info

• 생 토노레점

주소 18, Place du Marché Saint-Honoré 75001 Paris
찾아가는 법 지하철 1호선 튈르리Tuilerie역

• 빅토리아광장점

주소 5, Rue des Petits Champs 75002 Paris
찾아가는 법 지하철 7호선, 14호선 피라미드Pyramides역

• 마레점

주소 18-20, Rue des Archives 75004 Paris
찾아가는 법 지하철 1호선, 11호선 호텔 드 빌Hôtel de Ville역

3. 파리지앵의 소소한 귀띔

파리에서 지하철과
버스 타는 법

파리엔 지하철 노선이 14개, RER이 5개다. 그런데 면적은 서울의 1/6밖에 안 된다. 하여 지하철이며 버스며 정거장 사이가 아주 짧다. 지하철은 5분 정도 걸으면 한 정거장을 돌파할 수 있고, 버스는 3분이면 충분하다. 한 정거장 먼저 내렸다거나 늦게 내렸을 때, 당황하지 말고 걸어가라. 그게 훨씬 시간을 절약하는 방법이다. 그리고 어지간하면 버스를 이용하는 걸 권하고 싶다. 목적지가 아닌 길에서 예기치 않은 아름다움을 발견할 기회를 버스가 줄 것이다. 지하철은 지저분한 경우가 종종 있지만, 버스는 언제나 깨끗하다는 장점도 있다. 3일, 5일짜리 정액권은 버스, 지하철 모두 횟수 제한 없이 사용할 수 있다. 어디를 가야 하는데 어떤 교통수단을 이용해야 할지를 잘 알 수 없을 때, 무조건 지하철을 타기보다 파리교통공사 사이트(www.ratp.fr)로 가서 출발지와 목적지를 입력하면, 다양한 길을 가르쳐 준다. 영어로도 되어 있다.

한 템포 느린 호흡을 허락하는 동네,
빌라쥬 생 폴 Village Saint-Paul

마레 지구는 생 앙뚜안 가 Rue Saint-Antoine를 사이에 두고 북쪽과 남쪽으로 나뉜다. 북쪽은 갤러리와 박물관, 그리고 빼꼭하게 들어찬 쇼핑 공간. 밤낮없이 오가는 관광객들의 발걸음과 그들에 의해 자본이 순환하는 숨 가쁜 소리를 들을 수 있다. 센 강변을 끼고 있는 남쪽은 한 템포 느린 호흡을 허락하는 동네다. 그중에서도 마레 남쪽지대의 성격을 가장 뚜렷하게 특징짓는 공간은 빌라쥬 생 폴이다.

생 폴 가와 아베마리아 가, 샤를마뉴 가 그리고 생 폴 정원으로 둘러싸인 사각의 블록인 이 마을의 1층에는 70여 개의 앤티크 상점과 갤러리, 식당들이 마당을 공유하고 옹기종기 모여 있고, 위로는 살림집들이 있다. 생 폴 마을은 마을이란 단어가 갖고 있는 그 소박함을 그대로 느끼게 해주는 공간이다. 뭔가를 팔아도 안 팔아도 그만이라는 듯한 느긋함은 북쪽에 자리 잡은 마레의 복닥거리는 분위기와는 완전히 다른 논리가 이 동네에 흐르고 있음을 알게 해준다. 빌라쥬 생 폴을 방문하기 가장 좋은 때는 물론 토요일이나 일요일 오후다. 일요일엔 종종 그 마당에서 장이 펼쳐지고, 자기만의 기호품을 득템하기 딱 좋다.

생 폴 마을을 나서서 센 강변을 향해 한 발자국 발을 떼면, 웅장하고 우아한 상스 저택Hôtel de Sens을 만날 수 있다. 15세기 건축양식 가운데 걸작품으로 꼽히는 이 저택은 한때 여왕 마고의 처소로 사용되었고, 지금은 그래픽 디자인과 현대미술 전문도서관으로 쓰이고 있다.

생 폴 마을의 서쪽으로 난 포코니에 가Rue du Fauconnier에는 미제 포르씨MIJE Fourcy라 불리는 유스호스텔이 하나 있다. 여느 유스호스텔과 마찬가지로 저렴한 숙소와 아침식사를 제공하지만, 담쟁이 넝쿨로 뒤덮인 유서 깊은 건물과 조용한 환경, 마레 한가운데 자리 잡은 기가 막힌 위치 등 거의 믿어지지 않을 정도의 조건을 갖추고 있다. 파리에 한 번도 관광객으로는 와본 적이 없기 때문에 직접 묵어보진 않았지만, 지인들이 괜찮은 유스호스텔을 찾을 때면 알려주곤 했던 곳으로 지금까지의 반응은 호의적이었다.

다중적 매력을 대표하는 거리, 오베르깜프 가 *Rue Oberkampf*

파리 11구에 있는 오베르깜프 가*Rue Oberkampf*는 관광객들의 관심에선 살짝 비껴나 있지만, 파리의 매력에 눈 뜬 사람들에겐 여지없이 포착되고 마는 활기 넘치는 거리다. 윗 단추를 한 개 더 풀어헤치고, 삶의 가치를 흔한 그곳으로부터 약간 비껴간 곳에 둔 듯한, 30~40대 전후의 파리지앵들이 이 거리에서 가장 흔히 보는 사람들의 인상이다. 댄디하거나 약간은 쌀쌀맞은 16구 분위기와는 사뭇 다르다. 소박하거나 어딘가 허술하지만 나름의 재미가 충만한 동네가 11구고, 그중에서도 오베르깜프 가는 11구의 다중적 매력을 대표하는 거리다. 너무 젊지도 늙수그레하지도 않은 이 거리엔 재능과 오리지널리티, 그리고 과시하지 않는 지성이 적절히 조합되어 사람의 기분을 유쾌하게 만든다. 서점이나 옷가게, 아기자기한 소품들을 파는 가게들도 그렇고, 식당들도 마찬가지다. 위에 묵직한 부담을 주는 기름진 정통 프랑스 요리보다 가볍고 에콜로직한 시대적 분위기에 가까우며, 창의적인 음식을 만들어내는 식당들이 즐비하다.

오베르캄프 가는 파리 3구에서 시작되어 20구에 이르는 매우 긴 거리 중 하나다. 전통적으로 이 거리에는 상인들과 소규모 장인들이 즐비하게 늘어서서 흥미진진한 상업 지구를 이루고 있다.

간판도, 메뉴판도 없는 레스토랑 피에르 상 Pierre Sang

오베르캄프 가에 레스토랑 피에르 상이 등장한 지 불과 4년. 하지만 오래전부터 그 자리에 있었던 것처럼, 오베르캄프 가의 흥분되는 색깔을 더 근사하게 물들이는 독특한 한 점으로 피에르 상의 레스토랑은 자리를 잡았다. 그 동네 사는 지인을 만나러 가는 길. 언제나처럼 5분 늦어서 지하철에서 내리자마자 씽씽 달려가는데, 이 간판도 없는 식당이 화악 눈에 들어왔던 게 3년 전이다. 마침 그 지인과 함께, 오면서 점찍어둔 그곳에 들렀는데, 거기가 바로 말로만 듣던 '피에르 상'의 레스토랑이었다는 거!

완전히 오픈된 주방 앞에 바bar 형태로 되어 있는 식탁에 손님들이 안내되면, 주방에서 조리사들이 서로 주고받는 이야기며 셰프의 땀방

울 떨어지는 순간까지 모조리 포착할 수 있는 투명한 식당이란 사실에 잠시 놀란다. 코앞에서 요리되는 정직한 음식. 이건 셰프가 가진 각별한 철학을 근거로 할 수밖에 없다. 잠시 기다리고 있으면 종업원이 온다. 그런데 그의 손엔 메뉴판이 없다. 즉? 주는 대로 먹어야 한다. 대신 매일 셰프가 시장에서 골라온 싱싱한 재료로 기상천외한 요리들을 만들어낸다. 셰프에 대한 절대 신뢰가 없으면 감히 발 디딜 수 없는 곳이 이곳이다. 그러나 여기에 오는 사람들은 절대 신뢰 이상을 셰프인 피에르 상에게 보낸다. 그가 누구인가? 2011년 M6 방송사의 셰프 경연프로에서 파이널리스트였던 바로 그 화제의 인물이 아니던가. 손님에겐 전식과 본식을 먹을 건지, 본식과 후식을 먹을 건지, 아니면 다 먹을 건지를 결정할 권한만 있다. 아, 그리고 포도주를 고를 권한도. 단, 특정 음식에 알레르기가 있다면 미리 말해야 한다. 대체 뭘 먹게 되는지 전혀 알 수 없는 상태에서 접시가 내 앞에 당도한다(ㅎㅎ). 이것은 완전한 신세계. 메뉴판도 없지만, 눈으로 봐도 이게 대체 뭘로 만든 건지 짐작할 수 없는 황홀한 자태의 음식이 접시에 놓여 있다. 놀라운 건 확연히 프랑스풍의 음식이건만, 한구석에 깍두기임에 분명한 녀석이 터억, 명백한 냄새를 풍기며 자리 잡고 있었다는 것.

    깍두기의 등장은 한국에서 일곱 살에 입양되었다는 그의 개인사와 관련이 있다. 일곱 살 때까지 고아원에서 자랐던 그는, 상당히 늦은 나이에 입양이 되었다. 프랑스의 중부 산간지대 오베르냐 지방의 한 가정에 당도한 한국 아이. 거기서 그는 어린 시절, 할아버지와 계곡에서 낚

시도 하고, 산에서 버섯도 캐면서 신선한 재료로 좋은 음식들이 만들어지는 과정의 즐거움을 자연스럽게 익혔다. 태어난 지 7년 후 프랑스 산골에서 완전히 새로운 인생을 맞이한 그에게 한국은 깡그리 잊힐 수밖에 없었다. 고등학교를 졸업하고 리옹의 한 요리학교에서 조리사가 되는 과정을 밟은 후, 리옹과 런던의 고급 레스토랑에서 셰프 노릇을 하다가, 문득 한국이라는 그의 출신지에 마음이 가닿았던 것은 스물네 살 때다. 17년 동안 한국어는 물론 한국음식, 한국이란 나라 전체에 대해 송두리째 잊고 있었다. 말부터 다시 배워야 했다. 한국의 한 프랑스 음식점에서 잠시 일하며 한국을 다시 접했다. 집안 사정으로 그의 한국에서의 체류는 길지 못했지만 돌아올 땐 혼자가 아니었다. 한국인 아내가 생겼던 것. 그가 한국 음식을 다시 접하고 만들게 된 건 아내의 영향이 크다. 그때부터 그는 한국이라는 하나의 지울 수 없는, 자신의 기원이 삽입된 프랑스 식당을 구상했다. 그리고 방송 프로에 도전했고, 최종 관문에까지 이르게 되면서, 매스컴이 가져다준 유명세 덕에 쉽게 은행 융자를 받아 지금의 식당을 열게 되었다. 식당은 문을 연 첫 날부터 발 디딜 틈 없이 성업 중이다.

우리가 먹은 게 뭘로 만든 건지는 접시를 가지러 온 종업원이 재치 있게 설명해 준다. 먹은 것들에 대한 설명을 들으며 그 기묘한 요리적 발상에 감탄하는 일은 피에르 상 레스토랑에서만 겪을 수 있는 즐거운 경험이다.

피에르 상Pierre Sang Boyer이 처음 자신의 식당을 열 때, 그에게는

네 가지 원칙이 있었다. 첫 번째는 완벽한 프랑스 요리 테크닉이 발휘된 요리를 주머니가 가벼운 사람들도 먹을 수 있게 하자는 것이다. 그는 자신이 지금과는 완전히 다른 인생을 살 수도 있었고(고아원에서 끝내 청소년기를 보낼 수도 있었다), 오늘의 그가 있기까지 자신을 도와주고 이끌어준 수많은 보이지 않는 손길들이 있었단 사실을 잊지 않고 있다. 두 번째 원칙은 근거리에서 신선한 재료를 구한다는 것이다. 주재료들은 프랑스산이어야 하며, 가급적이면 그것도 파리 근교에서 생산된 재료를 구입한다. 희귀어종으론 조리하지 않는 것도 그의 확고한 원칙 중 하나다. 그리고 한국적인 무엇이 접시 안에 담겨야 한다. 일테면, 낙지와 야채가 어우러진 요리 위에 한국산 고춧가루가 팍팍 뿌려 있다든가, 고구마를 배추김치가 휘두르고 있다든가 하는 식이다. 그가 만드는 요리를 굳이 퓨전요리라고 할 순 없다. 거의 프랑스 요리에 가깝다. 다만, 셰프에게 한국이란 뿌리에 대한 강렬한 끌림이 있는 프랑스 요리일 뿐. 식당을 연 지 얼마 되지 않아 그의 식당은 벌써 미슐랭 별을 달았다. 그러나 흔히 가격을 올리는 당연한 핑계로 사용되는 미슐랭 책자 등극 이후에도 그는 종전의 가격을 고집한다. 오히려 바로 옆에 식당을 하나 더 냈고 거기서는 프랑스 요리에 더 과감한 한국적 터치가 실험된다. 캐비어와 가지, 고등어를 버무려 쌈장을 만들어내고, 팥으로 만든 크림과 오미자를 우려낸 물이 디저트에 등장한다. 그리고 파격적인 가격에 피에르 상이 만든 비빔밥이 제공되기도 한다. 양쪽의 레스토랑에는 각각 피에르 상 이외에도 한국 출신의 셰프가 일하고 있다. 그가 한국요리에 대한 고집을 가지고 있을지언정 한국요리를 정식으로 배운 적은 없기 때문이다. 두 식당의 직원들은 모두 피에르 상처럼 밝고, 열려 있다. 무대에 올라가 신들린 듯 연주를 하는 10대 밴드그룹처럼, 그들은 언제나 신나 있고, 축제의 문을 막 여는 듯한 분위기를 만들어낸다. 굳이 단점을 찾아야 한다면 일찍 서둘러야 한다는 것. 점심은 12시 10분 전에, 저녁은 7시 10분까지 가는 게 안전하다. 물론 가능하다면 예약을 하는 게 좋다. 점심은 비교적 간단히 나오지만, 저녁식사는 단일 메뉴에 6가지 요리들이 나온다.

다 먹고 나서도 기름진 음식이 위를 두둑히 채우는 느낌이 없다는 건 피에르 상이 부리는 또 하나의 마술이다.

info

주소

1호점 55, Rue Oberkampf 75011 Paris (일 휴무)

2호점 6, Rue Gambey 75011 Paris (1호점에서 30미터 거리, 월 휴무)

찾아가는 법 지하철 3호선 파르망티에Parmentier역에서 도보 3분, 지하철 9호선, 5호선 오베르캄프Oberkampf역에선 도보 6분 거리.

맛까지 고집하는 유기농 빵집, 샹벨랑 Chambelland

피에르 상 레스토랑을 나서면 맞은편에 자까르 가 Rue Jacquard라고 하는 작은 길이 나온다. 그 길의 끝에 파리에서 가장 뛰어난 솜씨를 자랑하는 유기농 빵집 샹벨랑 Chambelland이 있다. 유기농 쌀과 밀, 다섯 가지 곡물을 바탕으로 만든 모든 이곳의 빵들은 맛과 영양을 동시에 보증한다는 면에서 다른 유기농 빵집들과의 차별성을 갖는다. 영양과 환경에 초점을 맞추다 보니, 혀가 누리고 싶은 기쁨에 대해선 다소 무심한 게 기존 유기농 빵집의 일반적 태도였다. 맛과 영양 모두를 포기하지 않는 유기농 빵집을 고집하는 이들은, 그 질적 우수성을 유지하기 위한 집념으로, 그들의 곡물이 생산되는 프랑스 남부에 최근 전용 방앗간까지 마련했다. 프랑스 사람들이 좋아하는 두툼한 통밀빵들 외에도, 유기농 샌드위치, 각종 케이크, 파이가 건강하고도 풍미 넘치는 맛을 선사한다. 특히 메밀과 쌀, 밀을 섞어 반죽한 발효식빵 위에 검은 참깨와 해바라기씨, 마, 건포도와 마른 무화과 등 견과를 빼곡히 얹은 빵은 이 집의 주요 아이템이다. 사과아몬드 파이도 파리 제일이라 많은 사람들이 손을 치켜세우는 품목! 점심시간엔 간단한 식사를 하는 사람들로 문전성시를 이루고, 소문을 듣고 빵맛을 보기 위해 먼 길을 찾아온 사람들도 많다. 쌀을 섞어서 만들어 유난히 촉촉하고 쫀득거리는 질감을 가져 우리 입맛에도 잘 맞는다.

info
주소 14, Rue Ternaux 75011 Paris 운영시간 화~일 09:00~20:00

센 강 위의 버스,
바토뷔스 *Batobus*

　　몇 년 전 여름, 한국에서 언니와 조카가 파리에 오지 않았던들 내가 바토뷔스를 타볼 일은 없었을 것이다. 제 아무리 지구 최강 느긋함을 자랑하는 이곳 사람들일지라도, 평소 이동수단으로 수상버스를 이용하진 않는다. 그러나 파리를 방문하는 여행자들에겐 적어도 하루 이틀은 경험해봄직한 환상적인 교통수단이란 것을 한국에서 온 가족들과 함께 파리를 돌면서 알게 되었다. 센 강을 따라 서있는 명소들 사이를 시원한 물살을 가르며 이동하게 해주기 때문이다. 배에서 바라보는 풍광과 물살을 가르는 시원함, 다음 목적지까지 배로 도착하고 또 배를 이용해 원하는 곳으로 이동할 수 있는 호화로움, 3중의 기쁨을 선사해 준다. 물의 도시 베니스의 유일한 운송수단인 바뽀레토와도 유사한데,

다른 점이 있다면 여기엔 단출하게 9개의 정류장을 회전하는 단 하나의 노선이 있다는 사실이다.

한 번 승선하는 것으로 제법 비싼 요금을 지불해야 하는 센 강 유람선, 바토 무슈Bateaux Mouches에 비해, 한 번 티켓을 사면 하루 혹은 이틀 동안 횟수에 상관없이 자유롭게 이용할 수 있는 막강한 장점을 가지고 있는 탓에, 바토뷔스 이용자는 날이 갈수록 늘고 있는 추세다. 빠른 시간에 모든 행선지를 주파하고 싶은 사람에겐 결코 추천하지 않는다. 배가 도착하고 출발하는 데 걸리는 시간은 지하철이나 버스의 경우에 비해 3~4배는 더 소요된다. 부드럽고 느긋하게, 여행이 주는 휴식을 만끽하고 싶은 사람에게만 강력히 바토뷔스를 추천한다. 파리 교통공사가 운영하고 있기 때문에 나비고 카드를 소지하고 있는 사람에게는 할인혜택도 있다.

info
본인이 원하는 곳 아무데서나 탈 수 있고, 아무데서나 내릴 수 있다. 9개의 승강장은 다음과 같다. 파리 시청 → 루브르 박물관 → 샹젤리제 → 보그르넬 → 에펠탑 → 오르세 미술관 → 생 제르망 데프레 → 노트르담 성당 → 식물원, 시테 들라 모드.
운행시간 09:00~20:30
1일 자유 이용권 지하철 · 버스 정액권인 나비고 카드Carte Navigo 소지자에게는 10유로, 그렇지 않은 일반인 16유로, 15세 이하 청소년에게는 7유로. 9개 승강장 어디서든 구입 가능. 나비고 카드 소지자에게는 2일 자유이용권을 13유로로 판매한다. 일주일 이상 머무는 경우라면, 이틀짜리 자유이용권 구입을 권하고 싶다.

파리의 가장 아름다운 동네, 생 쉴피스 Saint-Sulpice

3~4년 전, 살고 있던 마레의 아틀리에를 내놓고 이사할 집을 보러 다녔다. 파리와 파리 근교에 있는 집들을 130개 정도 본 것 같다. 우리가 살던 집은, 누구도 선뜻 엄두를 내기 힘든 독특한 구조여서 금방 나가질 않았고, 제 주인을 만나기까지 3년이나 걸렸다. 그 사이 줄잡아 200여 명을 헤아리는 사람들이 집을 보고 갔다. 어떤 사람은 아홉 번이나 집을 보러오기도 했다. 혼자 오고, 부인하고 오고, 직원들이랑 오고, 건축가랑 오고, 은행 직원이랑 또 오고…. 사람들이 집을 보러 오면 보통 사십 분에서 한 시간은 머문다. 우리가 집을 보러 갈 때도 그랬다. 집마다 구조도 다르고, 주변 환경도, 각각의 집이 가지고 있는 가능성도 다르기 때문이다. 단순히 둘러보는 것뿐 아니라 이 벽은 뜯어낼 수 있는지,

이쪽으로 창을 내어도 되는 건지, 다락방은 구조 변경이 가능한지, 이웃 집엔 어떤 사람들이 사는지, 집 주변 학교들의 평판은 어떤지까지 묻는다. 소음과 채광, 통풍은 원활한지도 꼼꼼히 느껴보고 점검한다. 집에 관심이 있는 사람이 한두 번 더 지인을 동반하고 다시 방문하는 건 흔한 일이다. 내 집을 관찰하러 오는 사람들을 맞는 것보다, 남의 집을 구경하고 다니는 일은 서너 배 신나는 일이었다. 평소라면 들러보지 않았을 파리의 구석구석을, 내 삶을 그 속에 부려 놓으면 어떨까 하는 상상으로 꼼꼼히 살피고 머릿속에서 부수고 쌓으며 무수한 시뮬레이션을 반복했다. 그리고 재정적인 문제에서 자유롭다면 나는 어떤 동네에서 살고 싶은지 종종 물었다.

한국에서 나는 늘 북한산 아래 어딘가에서 살기를 꿈꾸었다. 한 건축학도가 자신의 졸업 작품으로 나의 미래의 집을 북한산 아래 암벽을 타고 비스듬히 지어진 집을 리모델링 설계하여 보내준 적도 있다. 아침에 눈 뜨면, 눈앞에 안개가 서려 있고 향긋한 솔내음이 맑은 긴장으로 나를 채워주는 그런 곳. 높은 곳에 있어 오르락내리락하기 번거롭지만, 삶은 그렇게 굴러간다는 걸 매일 가르쳐 주는. 그런 곳에서 살기를 여전히 꿈꾸지만 파리엔 도무지 산이 없다. 그나마 숲이라 불리는 나무들이 심어진 평평한 땅이 있어 그중 하나를 지척에 두고 살고 있지만, 내가 생각하는 파리의 가장 아름다운 동네는 센 강 바로 아랫마을 6구다.

생 쉴피스 광장

그 6구의 한가운데 생 쉴피스 광장이 있다. 처음 생 쉴피스 광장에 왔던 날은 보슬비가 내렸다. 86번 버스가 천국에 당도한 것처럼 나를 생 쉴피스 광장에 내려주었을 때, 비 내리는 광장엔 시詩 장터 '마르셰 드 라 뽀에지Marché de la Poésie'가 열리고 있었다. 누렇게 세월의 때가 낀 천막 아래 펼쳐지는 시의 장터라니…. 매년 6월 초 닷새 동안 펼쳐지는 시의 장터는, 아직도 시가 사라지지 않았다는 사실을 증명하고 싶어 하는 작은 출판사들이 모여서 그들이 발굴해낸 시인들과 시집들을 세상에 선보인다. 200여 개의 출판사들이 마련하는 시의 잔치. 장터라 하기엔 오가는 자본의 규모가 너무 적고 축제라 하기엔 그 흥의 진폭이 너무 잔잔한데, 이곳을 오가는 사람들의 얼굴엔 홍조가 띠어 있다. 시에 엷게 취한 흔적이다.

'시를 파는 장터'가 과연 자본주의 세상에서 어떤 색깔로 생존해 갈 수 있을까 싶지만, 그들은 벌써 33회의 생일을 치러냈다. 예수의 나이를 넘어선. 이제 뭐든 할 수 있는, 혹은 지금 죽기엔 너무 아까운 나이이다. 지난 6월 말에 들렀을 때는 도자기 전시가 같은 자리에서 열리고 있었다. 연중 가장 날씨가 좋은 5월에서 6월 사이 이 아름다운 광장엔 줄을 이어 멋진 행사들이 펼쳐진다.

광장 한편엔 당연히 카페가 있다. 86번이 서는 버스정류장 바로 뒤에 있는 구청 카페Café de la Mairie. 역전다방 만큼이나 무성의한 이름. 각별히 실내장식이나 서비스를 논할 것도 없지만, 중앙의 분수대와 생 쉴피스 교회, 광장을 한눈에 품을 수 있는 카페 테라스에 앉을 수 있는 것만으로도 사람들은 아무런 불만을 갖지 않는다. 선물상자를 눈앞에 두고 설레는 아이처럼, 생 쉴피스에 가면 흥분된다. 거기서부터 사방으로 펼쳐진 그 어떤 골목으로 발을 디뎌도, 초콜릿 상자 속의 저마다 다른 초콜릿 조각들처럼 감미로운 맛을 풍겨내는 길들이 펼쳐진다. 교회 남쪽에는 랭보의 시가 벽 가득 적혀 있는 페루 가를 지나 뤽상부르그 공원이 자리 잡고 있고, 북쪽으로는 갤러리들이 즐비한 생 제르맹 데프레, 동쪽으론 영화관들이 즐비한 오데옹 거리가 손에 잡힌다.

생 쉴피스 성당

생 쉴피스 성당은 노트르담 성당과 함께 파리에서 가장 큰 규모를 자랑하는 성당으로 많은 사람들이 파리에서 가장 아름다운 성당으로 꼽는 곳이다. 2005년 영화화되었던 댄 브라운의 소설 『다빈치 코드』에 등장한 이후 다시 한 번 주목받았지만, 오래전부터 파리지앵들의 애정을 듬뿍 받아온 곳이다. 빅토르 위고가 여기서 결혼을 했고, 시인 보들레르가 세례를 받았던 사연들 외에도, 발자크, 조르쥬 페렉, 장 폴 카우프만 등 수많은 작가들이 그들의 소설에 이 성당을 등장시키면서 생 쉴피스 성당의 존재를 역사 속에 등재시켰다. 들라크르와가 그린 벽화와 장 밥

당신에게, 파리

티스트 피갈의 조각 작품 외에도 미술관을 방불케 하는 많은 조각들과 회화들, 6천700개의 파이프로 구성된 세상에서 가장 큰 파이프 오르간의 존재는 이 성당의 존재를 각별한 것으로 만들어주었다. 설치하는 데에만 5년(1776~1781)의 시간이 소요되었던 이 오르간의 연주는 매주 일요일 12시 무렵 감상할 수 있다.

성당 안으로 들어서면, 소설 『다빈치 코드』에서 언급된 '로즈라인(성당 바닥에서부터 흰 오벨리스크까지를 연결해 놓은 황금선)'을 발견할 수 있다. 이 황금선은, 본초자오선으로 런던 그리니치 천문대가 그 역할을 하기 전까지 전 세계 시간의 중심으로 설정되어 있던 곳이다. 소설에 따르면, 성배가 묻힌 곳을 암시하는 장소들은 모두 이 로즈라인과 관계가 있으며 기독교를 발칵 뒤집을 만한 비밀이 담긴 장소로 생 쉴피스 성당을 지목하지만, 성당 측에서는 소설 속의 이야기를 부인하고 있다.

영화가 막 개봉되었을 무렵 다빈치 코드의 배경이 되는 장소들을 순례하는 단체 관광객들이 줄을 잇기도 했다. 하지만 지금의 생 쉴피스 성당은 노트르담과 같은 전통적인 관광지 여정에선 비껴나 있어, 여전히 고즈넉한 감상이 가능한 곳이다. 12세기 때부터 존재했던 이 교회는 건축가 6명의 손을 거치며 보수·확장 공사를 해왔고, 1870년에 이르러서야 현재의 모습에 이르렀다. 성당을 나서면 웅장한 분수를 한가운데 품은 생 쉴피스 광장이 눈앞에 펼쳐진다. 성당 계단에 서서 바라보는 생 쉴피스 광장은 초현실적으로 느껴질 만큼 언제나 눈부시다.

info

• 생 쉴피스 성당

주소 2, Rue Palatine 75006 Paris

운영시간 07:30~19:30 (연중 무휴)

샹브르 클레흐(La Chambre Claire, 밝은 방)

생 쉴피스 성당을 마주 보고 왼쪽 뒤편으로 나 있는 길이 생 쉴피스 가다. 빼곡히 들어선 럭셔리한 옷가게들 사이로 유난히 빛나는 파란 대문이 보인다. 롤랑 바르트의 사진에 관한 저서와 같은 이름을 가진 사진 서점 '밝은 방 La Chambre Claire'이다. 처음 유학 왔을 땐 사진에 대한 열정이 컸던 시절이어서, 자주 이곳에 드나들며 실컷 책장을 넘기다 나오곤 했다. 그때나 지금이나 같은 주인(자하 씨 M.ZAHAR)이 파리의 유일한 사진전문 서점을 홀로 지켜가고 있다. 서점은 잘 늙지 않는 주인 아저씨처럼 언제나 비슷한 모습이다. 상업주의로 비틀거리지도, 궁색한 티를 내지도 않으면서 그 거리를 밝히고 있다. 처음 이 '밝은 방'의 문을 열고 들어설 때 감히 이곳이 내게 허락된 곳일까 자문하며 쭈뼛거렸던 내가, 이젠 주인 아저씨 얼굴에 내려 앉은 주름의 행간에서 정점을 지나온 사진의 시대가 드리운 옅은 그늘까지도 포착해 낼 수 있다는 점이 세월이 가져온 변화일 뿐. 세계 곳곳에서 출간된 사진집들은 물론, 사진에 관한 이론서, 사진전 카탈로그, 철 지난 사진 잡지 등 3천500여 점의 책들이 샹브르 클레흐를 가득 채우고 있고, 지하에 마련된 공간에선 사진 전시도 종종 마련된다. 신간 서적이 나오면 늦지 않은 저녁 무렵 저자 사인회가 열리곤 한다. 파리의 사진작가들, 사진 애호가들과 조우할 수 있는 기회이기도 하다.

info 주소 14, Rue Saint-Sulpice 75006 Paris **운영시간** 화~토 11:00~19:00 (일 · 월 휴무)

초월적 공간,
데홀 *Deyrolles*

센 강 바로 아랫동네, 금장을 휘두른 듯 화려한 뒤 박 거리Rue du Bac를 걷다보면, 이건 당최 뭘 하자는 가겐지 도무지 알 수 없는 미스테리한 상점을 하나 발견한다. 문을 밀고 들어서면 누가 사가는 건지 짐작할 수 없는 럭셔리한 원예 도구들을 팔고 있다. 들어오는 사람들에 대해 그다지 관심을 두지 않는 시크한(?) 파리 가게들의 태도야 이미 익숙하지만, 이 가게에선 그 무관심의 강도가 한결 선명하단 걸 느끼지 않을 수 없다. 고작 저걸 팔려고 이 비싼 동네 한복판에 가게를 연 건가? 하는 의구심을 뒤로하고, 삐걱거리는 계단을 한번 올라가 보면, 2층에 발을 딛는 순간 예기치 않은 반전이 우리를 맞는다. 여우와 기린, 곰과 호랑이들이 모여서 회의라도 하다가 우리를 쳐다보는 듯한 황당 시츄에이션! 그들은 완전한 실물의 모습이며 우리에 갇혀 있지도 않다. 마룻바닥에, 책상 위에, 저돌적이고 역동적인 포즈로 길게 뻗은 2층 공간을 가득 채우고 있다. 마녀의 저주로 잠시 움직일 수 없게 된 동물들 사이를 거니는 듯한 기묘한 분위기에, 박제된 동물들에 대한 미안함도 잠시 유보하고 한동안 압도당할 수밖에 없다. 좀 더 깊숙이 들어가면, 수백수천 마리의 나비들, 다양한 곤충들, 식물도감들, 광물들까지도 전시·판매하고 있다. 도대체 왜 이런 걸 누가 누구한테 파는지는 내 알 바 아니지만, 몹시 궁금하긴 하다.

데홀은 장 밥티스트 데홀에 의해 1831년에 처음 만들어졌다. 공교롭게도 찰스 다윈이 비글호를 타고 갈라파고스 섬을 비롯한 세계일주 여행을 시작한 바로 그해였다. 장 밥티스트와 그의 아들 아쉴은 모두 곤충학에 대단한 열정을 가지고 있었다. 당시 유럽에서는 박물학과 자연탐사에 대한 관심이 높아지던 무렵이었기에, 데홀가의 아버지와 아들은 자신들의 열정을 상업으로 연결시켜, 박제된 곤충과 동물, 사냥 도구 등을 판매하는 지금의 가게를 설립하게 되었다. 1866년 손자 에밀 데홀이 이 가게를 맡았을 무렵은 다윈의 진화론이 발표된 직후여서 유럽 전체에 자연사에 대한 관심이 폭발적으로 확대되었다. 다윈이 그랬던 것처럼, 먼 곳으로 배를 타고 다니며 곳곳에서 식물과 곤충들의 표면을 채집해 오는 사람들이 많아졌고 가게는 날로 번창해 갔다. 19세기 초에 태어난 열정과 시대적 분위기의 산물은 2세기 가까이 흐른 후에도 이렇게 그 생명을 이어가고 있다.

파리의 많은 가게들이 주는 묘한 감동은 그런 데 있다. 나로부터, 시류로부터 아득히 멀리 있지만, 이에 아랑곳하지 않고 존재의 이유를 이어가는 저마다의 고집들. 그 도저한 이유들을 그들은 대를 이어가며 입증해 간다. 탐험과 발굴, 자연에 대한 새로운 가치를 찾아나서는 시대는 저물어갔지만, 데홀은 120여 개국에 있는 세계 여러 나라의 교육기관들을 상대로 여전히 존재의 이유를 만들어가고 있다. 데홀은 개인적 수집가들에게서 학교들을 대상으로 하는 교육적인 목적으로 방향을 전환시켜왔고, 사라져가는 동물과 곤충들의 표본을 만들고 식물도감들을 만들어 전 세계 교육기관에 공급해왔던 것이다. 아이들을 데리고 아니 연인들끼리라도, 들어가서 잠시 혼을 낚이고 싶은 신비스런 공간이다.

왜 파리의 꽃집들은
시적인가?

당신에게, 파리

왜 파리의 꽃집들은 시적인가?

처음 이 도시에 발을 내디뎠을 때, 나를 사로잡던 일련의 미스터리들 중 하나다.

왜 파리의 강아지들은 고개를 뻣뻣이 들고 다니고 왜 할아버지들은 유독 빨간 목도리를 자주 두르고 다니는지 등의 질문과 함께.

파리에만 특별한 꽃들이 있을 리 없다.

그들이 시적인 건 꽃 자체의 특별함은 아니다.

꽃들이 꽃집에 놓여 있는 방식이고, 꽃집이 거리에 존재하는 방식, 특히 꽃집에서 일하는 사람과 꽃들이 맺고 있는 관계에 있을 터이다. 한국에서 숱하게 지나다니던 강남고속터미널 지하상가의 꽃가게들, 결혼식이나 개업식, 장례식에 보내지던 화환들. 내가 다니던 여자중학교 앞의 화원에서 꽃들은 하나의 목적을 위해 충실히 존재하는 일상의 실용품으로 보였다. 개업식이나 장례식, 결혼식, 혹은 누구의 생일, 교탁 위에 놓이는 장식용 꽃으로의 용도를 위해 그들은 놓여 있다. 마치 편지 앞뒤에 놓이는 정해진 미사여구처럼.

파리의 꽃집에 놓인 꽃들도 기본적으로 그런 기능을 충족시킨다. 그런데 거기에 뭔가가 더해지는 것이 있는 게 분명하다. 바로 거기서 시적인 여백이 만들어진다. 그들을 사갈 누군가를 위해 잠시 그곳에 상품으로 머무는 것이 아니라 마치 꽃집의 주인인 냥, 화초들은 꽃집 안에서 자기 자리를 차지하고 우아하게 풍경을 구성한다. 꽃들은 꽃집이란 공간 안에서 자신만의 멋을 가진 채 살아가는 주인들이며, 꽃집은 꽃들이 어우러져 만드는 하나의 조화로운 작품 같다. 그 작품의 주체는 물론 꽃집 주인이다. 그리고 멋진 꽃집들의 이름은 그대로 주인의 이름을 달고 있다. 그것은 꽃을 통해 새로운 아름다움을 창출해내는 플로리스트로서의 자부심이 그 이름들에서 배어나온다. 그들은 꽃을 차곡차곡 통에 담아 팔면서 동시에 그 공간 전체를 대상으로 꽃을 하나의 풍경이 되도록 구성한다. 그리하여 이야기와 속삭임이 배어나오는 그런 공간이 되는 것이다.

장미의 이름으로 Au nom de la rose

파리를 걷다가 장미 꽃잎들이 흩어져 있는 보도블록을 보게 되면 눈을 들어 거기에 짙은 올리브 그린 빛으로 '오 농 드 라 로즈 Au nom de la rose'라고 적혀 있는 꽃가게가 있는지 보시라. 그 꽃가게가 바로 지금 소개하려는 '장미의 이름으로'이다.

움베르토 에코의 동명 소설 제목을 그대로 차용하면서, 자칫 평범할 수 있는 꽃가게가 '장미의 이름'이 상징하는 내러티브와 기호학의 미로를 함께 끌어안는다. 장미와 움베르토 에코를 한꺼번에 끌어안으며 미소 짓게 만드는 영특함을 높이 사, 나는 이 꽃가게를 거리에서 마주치면 아름다운 여인을 마주친 듯 넋을 놓고 바라봐 주고 가까이 다가가 흠뻑 향을 맡곤 한다. 장미만을 파는 이 꽃가게의 존재는 밤 거리를 밝히는 가로등처럼 멀리서도 눈에 드러나는 우아함을 거리에 선사한다.

1991년 파리 6구에서, 세상에서 가장 아름다운 장미를 키워 선보이겠다는, 장미를 향한 열정으로 출발한 이 가게는, 지금 유럽을 넘어서 러시아, 중동에까지 영역을 넓힌 장미체인점이 되었다. 아름답고 독창적인 장미를 만들어서 세상에 전하겠다는 생각은 향수, 비누, 장미향이 담긴 양초, 방향제, 캐러멜, 사탕, 차 등 수십 가지의 장미 상품들을 개발해 내기에 이른다. 장미맛 사탕 한 통을 사도, 장미 꽃잎을 가득 담은 봉투에 사탕 상자를 담아주는 인심은 파리의 다른 가게들에서 흔히 만날 수 없는 넉넉함이며 한 가지 종류의 꽃만 파는 꽃집의 위엄에 잘 어울리는 여유로움이기도 하다.

베로니크 퐁텐 Véronique Fontaine

지하철 1호선 시청역에서 내려 퐁피두센터를 향해 걷다 보면 오른편에 제법 규모가 큰 꽃집이 나온다. 간판을 애써 살필 필요도 없다. 그냥 '꽃'이라는 돌출 간판 하나만이 있을 뿐이니. 1999년에 처음 그 앞을 지났을 때에도, 아이 학교 가는 길이라 아침저녁으로 여우거리 Rue du Renard를 지날 때도, 그 꽃집은 변함없이 거기에 있었다.

꽃집이 처음 문을 연 건 무려 117년 전이었다. 19세기 말에 처음 문을 연 꽃집은 1, 2차 대전을 모두 그 자리에서 겪고, 68혁명까지 지켜

보며 오늘에 이르렀다. 1955년에 이 꽃집을 인수했던 부모님이 지금의 주인인 베로니크에게 꽃집을 물려준 것은 80년대 말이다. 4세대를 걸쳐 이어져온 꽃집이어서 일까? 그 안에 발을 디디면 뿌연 안개가 감도는 신성한 낙원의 한 귀퉁이에 잠시 들어선 기분이다. 1세기를 넘기며 자리를 지켜온 녹색 공간의 구석구석엔, 야생의 그것을 닮은 화초들이 저마다의 사연을 간직한 채 자리를 지키고 있다.

말수가 적은 꽃집 주인 베로니크 퐁텐은 흡사 이 녹색의 사원을 지키는 수도사 같다. 평화롭지만 어딘지 범접하기 힘든 장인의 위엄이 그녀에게선 풍긴다. 2000년대 중반까지만 해도 여섯 명이던 종업원의 숫자는 2007년부터 몰아닥친 소위 경제위기의 시기를 거치며 절반으로 줄었지만, 꽃집도, 꽃집 주인도 중심을 잃진 않았다. 여전히 헤아리기 힘들 만큼 많은 종류의 화초들이 실내에 압축되어 가득 채워진 작은 정글처럼 꽃집 안에서 일가를 이루고 있다. 아무리 봐도, 꽃을 파는 게 목적은 아니지 싶은…. (그럼 대체 뭐가 목적이란 말인지!)

info

주소 6, Rue du Renard 75004 Paris
찾아가는 법 지하철 1호선, 11호선 호텔 드 빌Hotel de Ville역
운영시간 화~금 10:00~18:00 (일·월 휴무)

당신에게, 파리

꽃의 성전, 리슐리외 가의 스테판 샤펠

파리 1구의 리슐리외 가Rue de Richelieu는 프랑스의 역사적 심장을 가로지르는 길이다. 루이 13세의 총리였던 리슐리외 경의 이름을 따서 지은 이 길은 몰리에르, 라신 등 프랑스가 자랑하는 희곡작가들의 작품들을 일 년 내내 상연하는 국립극장 코미디 프랑세즈의 담벼락에서부터 시작된다. 그리고 왕실 궁전Palais Royal을 지나 국립도서관 담벼락으로 이어진다. 바로 옆길 생 딴 가Rue Sainte-Anne가 일본과 한국 음식점들로 가득 찬 아시아 먹자골목인 것과는 완전히 대조적인 이 길에, 가던 걸음을 멈추게 하는 한 가게가 있다.

미인을 만나면 저도 모르게 눈이 돌아가는 남자들처럼, 스테판 샤펠의 꽃집 앞을 지나갈 때면 내 입가엔 저절로 미소가 걸린다. "아, 이런 이럴 수가!" 낮은 탄식이 흘러나오기도 하고 가슴이 두근거리기도 한다. 초현실적인 몽환적 아름다움이 넘쳐나는 그곳은 파리에서 가장 핫한 플로리스트 스테판 샤펠의 아틀리에 겸 꽃집이다. 원예사인 동시에 플로리스트이며 무대장식가이기도 한 그는, 무려 열네 살부터 꽃과 함께 하는 인생을 시작했다. 원예학교에 들어가 디플롬을 딴 후, 그는 당대의 저명한 플로리스트 쟝 미셸 메르탕의 견습생이 되어 실력을 닦았고, 처음으로 자신의 솜씨를 드러낼 장소로 바로 이 리슐리외 가를 택했다. 그의 작업들은 리슐리외 거리 북쪽 끝에 자리 잡은 공연장들, 호텔, 결혼식 등에 쉴 새 없이 실려간다. 그는 샤넬사와 코미디 프랑세즈의 공식 플로리스트이기도 하다.

　파리 근교에 자리 잡고 있는, 5헥타의 넓은 정원에서 흔히 볼 수 없는 화초들을 직접 가꾸고, 자신의 아틀리에서 사용할 꽃들을 공수해온다. 일반인들에게도 꽃을 팔지만 중요한 행사나 무대를 장식할 시적인 꽃의 예술을 만들어내는 것이 그의 주된 임무다.

　얼핏 등발 좋은 럭비선수에 가까운 인상을 가진 스테판 샤펠은, 아름다운 장미 정원을 가지고 있던『미녀와 야수』의 야수처럼 보드랍고 예민한 감수성을 가진 인물임에 틀림없다. 꽃 자체의 자연미를 충분히 살리면서도, 대범한 도약을 시도할 줄 알고, 우아함과 모던함, 진기함이 조화롭게 어울려 있는 그의 작업들. 그리고 그 작업들이 모여 있는 꽃집은 그 자체로 예술작품이다. 업계에선 '샤펠 터치'라는 신조어까지 만들어서 그의 손을 거친 꽃 장식들이 갖는 각별함을 칭하고 있다. 파리의 꽃집들을 왜 '시적'이라고 느꼈는지를 단박에 설득시켜 줄 바로 그곳이다.

info

주소 29, Rue de Richelieu 75001 Paris
찾아가는 법 지하철 1호선, 7호선 팔레 루아얄 뮈제 드 루브르Palais Royal, Musée du Louvre역
운영시간 화~금 10:00~20:00, 토~월 10:00~18:00

가벼운 주머니로 파리 박물관 문턱 드나들기

영국과 달리 프랑스의 국립박물관들은 유료며, 제법 부담스런 요금을 치러야 한다. 루브르 박물관 위조 티켓을 중국에서 만들어 들여오다 적발되는 일이 있었을 정도! 문화가 모든 사람에게 접근 가능한 것이 되어야 한다는 문화민주주의의 원칙에 위배되는 비싼 입장료를 가급적이면 피할 수 있는 방법을 소개드린다.

1. 매주 첫 번째 일요일은 국립박물관이 무료다 (오르세 미술관, 루브르 박물관, 베르사이유궁, 피카소 박물관, 깨브랑리 박물관, 퐁피두센터 등. 단, 루브르 박물관만은 4월부터 9월까지는 첫 번째 일요일 무료에서 제외된다. 2014년부터 시작된 변화다).

2. 파리 시립박물관들 (파리 현대미술관, 발자크의 집, 부르델 박물관, 카르나발레 박물관, 세르누치 박물관, 빅토르 위고의 집, 낭만주의 박물관 등)의 상설전시는 무료다 (특별전은 유료).

3. 유럽사진의 집(주소 : La Maison de la photographie Européenne, 5/7 Rue de Fourcy - 75004 Paris / 찾아가는 법 : 지하철 1호선 생 폴Saint Paul역)은 매주 수요일 오후 5시부터 8시까지 무료다.

4. 기자증 : 기자들은 모든 박물관 출입이 무료일 뿐 아니라 줄도 안 서도 된다. 한국 기자증일지라도 'Press'라고 적혀 있고, 사진과 얼굴이 일치하면 된다. 보무도 당당하게 그냥 박물관으로 들어가시고, 표 검사하는 사람에게 기자증을 보여주면 끝! (프랑스뿐 아니라 독일, 이탈리아, 체코 등 대부분 유럽 국가들의 공통사항) 단, 콧대 높은 루브르 박물관의 문턱은 기자증에 굴복하지 않는다.

5. 박물관에 가장 사람이 없는 시간은 오후 1시 무렵이다. 아침 10시 무렵, 그리고 오후 2시 이후에 사람들은 몰려든다. 그러나 오후 1시에서 2시 사이엔 모두가 점심을 먹기 때문에 그때가 박물관을 한가롭게 관람할 수 있는 최적의 타이밍이다.

6. 박물관 패스 : 박물관을 다 볼 생각이 아니더라도 줄 서는 시간을 절약할 수 있다는 점에서 유용하다.

7. 오르세 박물관 : 사람이 많은 시즌이라면 박물관을 마주보고 오른쪽 신문 파는 가판대에서도 박물관 티켓을 살 수 있다. 가격은 공식 매표소와 같다. 그걸 사면, 이미 표를 가진 사람들이 서는 오른쪽 입구로 들어갈 수 있다. 그쪽 줄은 물론 훨씬 짧다.

8. 루브르, 오르세, 베르사이유 궁전은 인터넷으로 예매하는 편이 바람직하다. 특히 관광객이 많은 여름에는! 안 그러면 대부분의 여행 시간을 줄 서는 것으로 보낼 수도 있다.

루브르 박물관 그리고
카페 베를레 *Café Verlet*

한동안 루브르 박물관은 내게 딴 생각하다가 잘못 내린 정류장이었다.

학생 시절, 1구에 있는 좁디좁은 골목 펠리컨 가의 엘리베이터 없는 꼭대기층에 일 년 정도 살 때였다. 저녁에 베이비시팅을 마치고 버스에 올라타 집에 오던 길. 잠시라도 한눈을 팔면 버스는 나를 다음 정류장인 루브르 박물관 안마당으로 데리고 갔다. 투명한 유리 피라미드가 불쑥 솟아올라 있는 그곳엔 언제나 우렁찬 바람이 몰려다녔다. 바람을 맞으며 서 있는 피라미드를 보며, 굳이 루브르 박물관 마당 안에 저런 유리 피라미드를 짓고 싶어 했던 미테랑의 머릿속을 상상했다. 한 정거장을 되돌아 걸으며 루브르의 피라미드는 이집트의 파라오처럼, 영원한 권력의 화신이고 싶었던 미테랑의 감출 수 없는 욕망의 증거물이라고 난 믿어 의심치 않았다. 7년 임기의 대통령을 연거푸 두 번이나 하고, 대통령이 아닌 삶은 받아들일 수 없다는 듯 임기를 마친 후 6개월 뒤 삶을 마감했던 그다. 그러나 루브르 박물관의 리노베이션을 시작하며 미테랑이 내세운 공식 이유는 대중에 더욱 가까이 호흡하는 박물관이었다. 그리하여 고안된 것이 지하의 입구로 이어지는 지상의 투명한 문, 바로 피라미드였다. 루브르는 원래 왕실의 소장 예술품들을 보관하는 장소였다. 그것이 1789년 혁명 이후 만인에게 개방되며 박물관으로 변신하고 혁명의 문화적 영역에서의 상징이 된다. 미테랑이 바로 이 공간에서부터 자신의 문화정책에 대한 의지를 펼치려 했던 것은 충분히 이해가 가는 대목이다. 결국 그것이 피라미드로 표현되면서, 미테랑은 자신의 과대망상증을 드러냈다는 혐의를 받게 되었지만 말이다.

  루브르 박물관이 나의 멍 때린 순간에 대한 증거물이던 시절, 난 당연히 그 공간에 대해 설렘을 가질 수 없었다. 그러나 확연히 루브르로부터 멀어진 곳에 살게 되면서, 루브르에 대한 설렘은 다시 회복되었다. 루브르는 여러 번 가도 가슴 두근거리게 하는 기대를 고갈시키지 않는 곳이다. 깊고, 넓기 때문이다. 일 년 내내 팬들의 인기에서 벗어나지 못하는 유명 작품들 주변을 벗어나면, 아름다운 미로들 속에 몸을 숨기고 한없이 그 속에서 길을 잃을 수 있다.

  캘리포니아에서 지구를 한 바퀴 돌아 파리까지 자신의 새로운 춤을 알아봐 줄 사람을 찾아온 이사도라 던컨이 파리에 와서 처음 한 일은

매일 루브르 박물관에 가는 것이었다. 아침부터 문을 닫는 시간까지 그녀는 오빠와 그리스 관에서 시간을 보냈다. 춤을 추고, 그림을 그리고 전시물을 관람하고…. 그 얘길 읽으며 나도 파리에 오면 매일 그곳에 갈 거라 다짐했건만…. 결국 루브르엔 십 년 남짓 살면서 열 번쯤 갔던 것 같다. 얀 반에이크로부터 브뢰겔 가문의 화가들, 루벤스에 이르기까지, 플랑드르 화가들의 작품의 진수를 볼 수 있는 플랑드르관은 내가 루브르에서 제일 흠모하는 관이다. 수요일과 금요일에는 밤 10시까지 박물관이 문을 연다. 이른 저녁을 먹고, 단체 관광객들은 모두 떠나고 없는 한가로운 박물관을 관람하는 것도 좋은 생각이다. 최소한 몰려다니지 않으면서 호젓하게 작품들과 만날 수 있다.

낮이든 밤이든 두 시간 이상 즐거운 마음으로 루브르를 관람하는 건 불가능하다. 기가 센 작품들을 하나하나 대하다 보면, 마치 면접관이 되어 수백 명의 사람들을 하나하나 만나기라도 한 것처럼 녹다운이 된다. 지친 다리와 영감으로 충만해진 마음을 안고 그곳을 나올 때, 그 영감들을 내 안에 차분히 안아서 음미할 카페가 절실히 필요하다.

카페 베를레

루브르 박물관을 빠져나와 루브르 박물관이 있는 리볼리 가Rue de Rivoli와 평행으로 나 있는 생 토노레 가Rue Saint-Honoré 256번지에 들어서면, 적어도 한 시간 정도의 행복은 보장해 주는 유서 깊은 카페를 만날 수 있다. 카페 베를레(Café Verlet). 이 카페의 문을 열고 들어서면 평범한 카페들과는 비교도 할 수 없는 깊은 커피향이 와락 온몸에 달려든다. 세계 곳곳을 다니며 커피와 차, 향신료들을 사들이고 팔아온 탐험가 위를레가 카페 베를레라는 이름으로 이곳에 가게를 연 게 1900년대 초였다. 이후 1965년에 카페는 위코수와 집안으로 넘겨졌고, 그 아버지에서 아들, 손자로 이어지며 두 가문이 지켜온 커피에 대한 열정은 이곳에서 꾸준히 그 맥을 잇고 있다. 100년 넘게 한자리에 배어온 커피향이니 유독 진할 수밖에 없다.

언제나 카페에 들어선 그 순간 난 매번 황홀하게 미소 지었던 것 같다. 굳이 내 입으로 커피가 들어가지 않아도 그 향기를 마시는 것만으로 이미 충분히 행복한 공간이 카페 베를레다. 테이블이 다닥다닥 붙은 좁은 1층보다 좀 더 여유 있는 2층으로 올라가는 게 훨씬 한가롭게 커피를 즐길 수 있는 방법이다. 더구나 점심시간 무렵이면 간단한 식사를 즐기는 사람들로 1층은 한없이 번잡하다. 프랑스 사람들은 1, 2층으로 된 카페에서 언제나 1층을 선호하는 경향이 있다. 덕분에 대부분의 카페들이 2층은 여유로운 편이다. 카페 베를레에선 30여 종에 이르는 '별 세 개짜리' 커피, 차뿐 아니라 말리고 설탕에 절인 열대과일들도 같이 판다. 커피와 함께 많은 사람들이 선물용으로 사가는 품목이기도 하다.

가난한 청년 시절의 헤밍웨이와 피츠제럴드가 파리에서 어슬렁대며 글을 써보려고 애쓰던 1920년대 파리의 분위기가 느껴지는 이곳에선,

누굴 만나도 대화가 근사해지는 효과를 누릴 수 있다. 향기와 분위기가 만들어주는 구체적 효과다. 약속이 있는 날, 좀 일찍 와서 생 토노레 가를 지나가는 사람들을 구경하며 글을 쓰거나 책장을 넘기고만 있어도, 글 속에 커피향이 스미는 것 같다. 커피 값은 3.5유로 정도. 일반 카페보다 조금 비싸다. 아쉬운 건, 저녁 7시면 문을 닫는다. 카페 주인은 소위 '저녁이 있는 삶'을 즐기는 사람인가 보다. 하여, 저녁에 루브르 박물관을 관람하고 나서 다리를 쉬고 여운을 풀어낼 장소를 찾는다면, 카페 생 토노레Café Saint-Honoré에 가실 것을 추천한다. 카페 베를레처럼 막강한 아우라를 가지진 않았으나, 음식, 분위기, 서비스 모두 대체로 만족스런 곳이다. 카페 베를레가 루브르 박물관에서 나와 평행으로 놓인 생 토노레 가에 접어들어 왼쪽에 있다면, 카페 생 토노레는 오른쪽이고 둘 다 걸어서 5분 이내 거리다. 늦은 밤이라면 커피보단 와인 한 잔 마시는 게 좋을 것 같다. 일행이 많지 않다면, 굳이 병으로 시키지 마시고 잔으로 시키길 권한다. 잔으로 파는 와인의 경우 선택이 한정되어 있지만 그중에서도 분명 괜찮은 와인이 있게 마련이다. 병일 때 수십 유로하는 고급 와인도 잔으로 마시면 10유로를 넘지 않는다. 잔으로 와인을 마시는 건 푼돈으로 좋은 와인을 맛볼 수 있는 방법이기도 하다.

info

• 루브르 박물관

찾아가는 법 지하철 1호선, 7호선 팔레 루아얄 뮈제 뒤 루브르Palais-Royal-Musée-du-Louvre역

운영시간 토~화, 목 09:00~18:00, 수·금요일 09:00~22:00, 매주 첫 번째 일요일 무료입장 (그러나 2015년부터 4월~9월 사이는 첫 번째 일요일 무료입장 실시하지 않음, 매주 화요일과 메이데이, 성탄절 휴무).

tip : 루브르 박물관을 관람했다면 밖으로 나오기 전에 그 안에서 볼 일을 보시는 게 좋다. 박물관을 빠져나온 후 그 앞에 펼쳐지는 카루셀 루브르 상가 내에는 유료 화장실밖에 없고, 또 그 유료 화장실은 각별히 비싸다. 돈 내고 화장실에 가야 한다는 생각에 기분 잡칠 수 있으니, 그런 일은 미리 방지하시기 바란다.

• 카페 베를레

주소 256, Rue Saint-Honoré 75001 Paris

찾아가는 법 지하철 1호선, 7호선 팔레 루아얄 뮈제 뒤 루브르Palais-Royal-Musée-du-Louvre역 혹은 지하철 7호선, 14호선 피라미드Pyramides역

운영시간 평일 09:00~19:00 (일 휴무)

• 카페 생 토노레

주소 194, Rue Saint-Honoré 75001 Paris

찾아가는 법 지하철 1호선, 7호선 팔레 루아얄 뮈제 뒤 루브르Palais-Royal-Musée-du-Louvre역 혹은 지하철 1호선 루브르-리볼리Louvre-Rivoli역

운영시간 매일 07:00~14:00

널린 게 박물관인 동네,
이에나 Iéna역

파리에 온 사람이라면 9번선 이에나 Iéna역을 기억할 필요가 있다. 여기에 내리면 색깔이 완전히 다른 여러 개의 박물관과 미술관에 가닿을 수가 있기 때문이다. 막상 역에 도착하면 휑하기 그지없다. 나무랄 데 없이 근사한 건물들이 즐비하긴 하지만, 거리에 사람들도 별로 없고 왁자지껄한 카페도, 상가도, 그 흔한 아랍가게 하나 없다. 동서남북으로 하나씩 턱턱 있는 건 대형 박물관, 미술관들.

자잘한 삶의 풍경들이 제거되어 있는 이런 동네에 대해 프랑스 사람들은 흔히 'sinistre(을씨년스런)'이란 표현을 쓴다. 여기서의 시니스트르(sinistre)는 'vivant(생동감 넘치는)'의 반댓말이다. 부촌과 빈촌의 이분법을 비껴가는 프랑스식의 가치평가다.

비할 데 없는 부촌이지만 시니스트르하다는 평가를 받는 파리 16구는 그래서 삶의 공간으로선 파리지앵들에게 큰 사랑을 받지 못한다. 그러나 흥미로운 문화공간들이 밀집되어 있다는 점에서 이에나 역만큼은 '완소' 리스트에 고이고이 올려두어야 한다.

파리 속의 아시아, 기메 박물관 Musée Guimet

기메 박물관이라고 적혀 있는 출구를 따라 나오면, 코앞에 서 있다. 아시아 전문 박물관으로 동남아, 중앙아시아, 동북아 전체를 아우르는 방대한 소장품을 갖고 있다. 이 아름다운 박물관은 프랑스의 기업인 에밀 기메 Emile Guimet가 자신의 소장품을 국가에 기증한 것을 바탕으로 1889년 설립되었다. 이후 1950년대, 루브르 박물관으로부터 아시아 관련 소장품을 넘겨받고, 수많은 기업과 개인들로부터 소장품들을 기증받아 지금은 전 세계에서 단일 공간에 가장 많은 아시아 관련 예술품과 고서적을 소장한 박물관이 되었다. 한국화가 이우환 씨도 자신이 소장했던 17~19세기 조선시대 회화 수백 점을 최근 기메 박물관에 기증한 바 있다.

처음 이 박물관으로 나를 이끈 사람은 지금 내 아이의 아빠가 된 남자다. 아시아의 예술을 사랑하고, 귀하게 여기며 바라보는 그의 시선에 잠시 물들어 박물관을 관람할 수 있었다. 나의 초상화를 다른 사람

이 되어 낯선 눈으로 바라보는 느낌이었달까. 그 역시 내가 서양의 예술 작품들을 바라볼 때면, 나의 시선을 잠시 빌려가거나 자발적으로 물들어보는 시도를 한다. 남의 눈을 빌어 익숙한 사물을 낯설게 보는 시도는 여행을 가는 것과 정반대의 효과, 내면으로의 생경한 여행을 가능하게 해준다.

　　1층에 화려한 불상들이 시선을 압도하는 동남아시아 컬렉션들이 자리 잡고 있다. 같은 아시아지만 동남아 불교문화의 유물들은 확실히 더 드라마틱한 매력을 가졌다. 그러나 그 매력에 이끌려 찬찬히 1층을 다 돌고, 2층, 3층으로 올라가면 어느새 기운이 다 빠져서 3층에 있는 한국관은 건성으로 보기 일쑤다. 1층을 본 다음엔 과감하게 2층을 건너뛰시고, 3층으로 가보시길 권한다. 중국과 일본 사이에 끼어 있는 한국관이 어떤 색깔로 존재하고 있는지 확인하고 싶다면.

　　기메 박물관은 에밀 기메의 소장품들을 바탕으로 하고 있으나, 한국관은 1888년 프랑스 교육부 장관의 사신으로 한국을 방문했던 민속학자이자 탐험가인 샤를 바라Charles Varat가 일 년간 여행하며 사들였던 작품들을 중심으로 만들어졌다. 당시 중국과 일본은 이미 상당히 유럽에 알려진 상태였지만, 조선은 '전혀' 알려지지 않은 미지의 나라였다. 일 년여에 걸쳐 서울에서 부산까지 조선을 여행한 샤를 바라는 사려 깊은 시선으로 혼란에 휩싸였던 당시 조선인들의 삶을 바라보았다. 그가 남긴 여행기 『조선일기(2001, 눈빛출판사)』를 보면 "나는 조선처럼 공기가 투명하게 빛나고 맑은 나라를 본 적이 없다"거나 "역사적으로 자신들이 가르쳐 왔던 일본인들에게 비록 지금은 산업적, 예술적으로 뒤져 있지만, 윤리적인 우월함 덕분에 가까운 미래에 그들을 따라잡고 결국 저만치 따돌릴 수 있을 것이다" 등의 진술은, 그 무렵 조선을 방문했던 여타의 서구여행자들이 남겨 놓은 여행기에선 보기 쉽지 않은 시선이다. 당시 대부분의 서양인들은 일본의 정제된 세련미와 질서 잡힌 사회에 비해 조선을 형편없는 오합지졸들의 나라라고 폄하하기 일쑤였다. 조선의 이면을 꿰뚫어볼 줄 알았던 샤르 바라의 시선으로 구입해온 조선의 유물들로 기메 박물관의 한국전시실을 탄생시키도록 도왔던 사람은 바로 조선 최초의 프랑스 유학생 홍종우다.

  1890년 홍종우(1850-1913)는 단신으로 프랑스에 건너와 운 좋게도 기메 박물관에 연구보조자로 일하게 되었다. 불운한 어린 시절을 보내고 일본으로 건너가 식자공을 하며, 일어와 불어를 익히고, 그렇게 해서 번 돈으로 뱃삯을 마련한 그는 배를 타고 마르세이유에 도착한다. 이후 파리에 온 그는 파리 지식인 사회와 교류하다가 기메 박물관 일자리를 소개받았다. 홍종우는 아마도 대단한 수완가였던 것 같다. 거기서 한국의 고전과 일본, 중국의 문서를 불어로 번역하는 일을 했고, 샤를 바라 Charles Varat의 조수로서 한국전시실을 만드는 데에 적극 기여했다. 항상 한복을 착용한 채 고종의 사진을 품고 다녔던 그는 1894년 조선에 돌아가 고종 곁에서 조국 근대화에 적극 가담하려 했다. 하지만 한국으로 돌아가던 길, 명성황후의 청으로 김옥균을 암살했던 까닭에 일본의 국정개입이 노골화된 1905년에는 관직에서 밀려난다.

친일 개화파의 상징적 인물 김옥균을 제거한 그를 일제는 받아들일 수 없었다. 조선인 누구도 한 줌의 평온한 삶을 구하기 힘들었던 시대에 태어나 좌충우돌하며 기울어져 가는 조국의 운명을 구해 보고자 했던 비운의 지식인은 그렇게 역사에서 사라져 갔다.

하여, 기메 박물관을 관람하는 마음은 간단치가 않다. 중국관을 거쳐 일본관을 가다 보면, 지나간지도 모르게 쓱 지나쳐 가버리기 십상인 게 한국관이다. 두 이웃 나라 사이에서 수천 년을 부대끼며 버텨온 우리의 운명적으로 고단한 삶과 그러면서도 자존심을 잃지 않고 정체성을 부여잡으며 살아가려 애쓰는 우리의 모습이 적나라하게 드러나기 때문이다. 그 둘 사이에서 한국의 색깔은 희미하기 그지없다. 우리는 어떻게 이들 틈에서 '우리'로서 존재할 수 있었나. 어떻게 우리 문화적 정체성을 지켜갈 수 있었고, 앞으로도 지켜갈 수 있는가. 나로 존재하기 이전에 우리로 먼저 존재해야 하는 무거운 숙명은 여전히 우리를 놓아주지 않는다.

팔레 드 도쿄 Palais de Tokyo

이름에 '도쿄'가 들어가지만, 정작 이 미술관의 내용과 도쿄는 아무런 상관이 없다. 직역을 하자면 이 미술관의 이름은 '도쿄궁'이다. 파리의 컨템포러리 아트의 최첨단을 달리는 전시장을 이런 편파적, 지엽적 이름으로 부르는 것을 이 나라 사람들이 대수롭지 않게 여기는 건, 기본적

으로 프랑스인들이 일본에 대해 갖는 호감과 문화적인 차원에서의 높은 가치평가가 작용했다고 봐야 할 것 같다. 모던하면서도 이국적이고, 미학적인 면에서 언제나 서구인들에게 흡족한 자극을 주는 나라가 일본이고, 도쿄란 도시는 동양인들에게 파리가 그런 것처럼 야릇한 흥분을 주는 이름이기 때문이다.

최근 십 년 사이, 파리지앵들 사이 혹은 미술학도들 사이에서 가장 핫한 공간으로 자주 입에 오르내렸던 곳〈팔레 드 도쿄〉. 현대미술계에 갑자기 떠오른 새로운 공간에서 명실상부한 컨템포러리 아트의 천국으로 등극하는 데 십 년이 채 안 걸렸다. 여기에 가면, 현대미술이 두뇌와 감수성을 공동으로 자극하는 재미난 동네란 사실을 온몸으로 느낀다. 정연한 질서를 거부하고 제멋대로 그러나 매우 정교한 계산 하에 펼쳐져 있는 공간 배치로 도무지 지루할 틈이 없다.

1937년 파리 만국박람회 때 지어져, 일본관으로 쓰이던 공간이 현대미술관으로 변신하게 된 것은 2002년. 당시 문화부 장관 카트린 트로트만의 결단이었다. 마치 짓다만 공장 같기도 하고, 2차 대전 때 쓰다가 버려진 창고 같기도 하며, 공상과학 영화에 나오는 미래의 공간 같기도 한 이 거대한 미술관에서는 모든 형태의 컨템포러리 아트가 갖는 광기와 파격들이 거만 떨던 가면을 내던지고 쉽게 관객에게 다가간다. 특별전만 있을 뿐 상설전시는 없고, 전시를 하되 소장은 아니하며, 거장들도 종종 받아들이되 신예들을 더 폭넓게 수용하는 이 대범한 공간은, 이런 과감한 전략 덕분인지 짧은 시간 안에 '살아 있는 창조적인 미술관'의 이미지를 확고히 구축했다.

 건물 안으로 들어가면, 카페테리아가 입구 오른편, 입장권을 사기 전에 자리 잡고 있다. 카페도 별로 눈에 띄지 않는 그 동네에서, 전시와 상관없이 부담 없게 들어가 먹거나 마실 수 있는 편한 장소다. 카페테리아에서 한 걸음 더 깊숙이 들어가면, 레스토랑 〈도쿄 잇Tokyo Eat〉도 있다. 여름밤, 테라스에 앉아 센 강과 번쩍이는 에펠탑을 즐기기에 안성맞춤이다.

 이 미술관의 영업시간은 낮 12시부터 밤 12시까지. 고로 밤 12시에 미술관에서 별 보며 나올 수 있다. 걱정 마시라. 파리 지하철은 평일 새벽 1시까지 금, 토요일과 공휴일 전날은 새벽 2시까지 운행하니까.

info

주소 13, Avenue du Président-Wilson 75016 Paris
찾아가는 법 지하철 9호선 이에나Iéna역에서 도보 3분.
운영시간 월~일 12:00~00:00 (화 휴관, 1월 1일, 5월 1일, 12월 25일 휴관)

당신에게, 파리

절반의 세계를 담은 박물관, 깨 브랑리 Musée du Quai Branly

이에나역에서 내려, 프레지던트 윌슨 가 출구로 나와 100미터 정도 걷다 보면, 오른쪽으로 긴 계단(긴 계단! 파리에선 몽마르트르 언덕 올라갈 때 정도나 발견할 수 있는 귀한 것. 이 긴 계단이 주는 흥분 때문에, 깨 브랑리 박물관에 갈 때 난 항상 이 길을 이용한다)이 나 있다. 그 계단을 따라 내려가시라. 계단을 내려오면 난데없는 텃밭이 한편에 보인다. 도심 속에 남겨진 자투리 공간을 이용해 주민들이 가꾸는 한가로운 파리식 텃밭에 눈길을 주며 조금 걷다 보면 이번엔 사람만 다니는 인도교가 나온다. 그 다리를 건너면 눈앞에 입이 떡 벌어지는 공간이 나타난다. 2006년 그곳에 등장한 깨 브랑리 박물관이다.

브랑리라 불리는 강변도로에 세워진 이 박물관은 아시아, 아프리카, 북아메리카, 오세아니아의 소위 민속예술품이 전시되는 공간이다. 짧은 역사에도 불구하고, 연간 150만 명이 관람하는 박물관으로 성장하면서, 파리에서 루브르, 오르세 다음으로 많은 사람들이 찾는 박물관으로 이름을 올렸다.

자크 시락의 오랜 꿈

소위 '원시예술 Arts Premiers'의 열정적 애호가로 알려진 자크 시락

당신에게, 파리

전 대통령은 취임(1995년) 즉시 루브르 박물관에 원시예술관을 만들기를 희망했다. 그러나 그의 희망이 박물관 측의 완강한 반대로 좌절되자, 그는 원시예술에 바쳐진 독립적인 박물관을 만들 계획을 세웠다. 이러한 결정 또한 비슷한 전시물들을 상당수 소장하고 있던 기존 인류박물관 Musée de l'homme의 거센 반발에 부딪친다. 이 계획을 저지하기 위해 인류박물관은 장기간 파업을 하기도 했다. 이런저런 난관에 부딪히던 끝에 시락의 뜻은 2006년에야 실현된다. 자신의 강력한 의지로 탄생한 이 박물관에 본인의 이름을 붙이고 싶었겠지만, 후임자 사르코지와의 매끄럽지 못한 관계 때문에 그의 애절한 희망은 좌절됐고, 원시예술이라는 속칭도 차마 박물관 이름으로 내걸 수 없었다. 그 이름은 자칫 서구예술이 갖는 스스로에 대한 우월감, 제도권 예술이 제도 바깥의 예술을 천시하는 듯한 시선을 드러낼 수 있는 명칭이었기 때문이다. 결국 박물관이 들어선 강변로의 이름이 박물관의 이름이 되었다. 그리고 이 박물관은 흔히 프랑스 사람들이 하는 표현대로 파리의 박물관들 중에 '진주'가 되었다.

녹색 외벽

박물관은 알록달록 전시를 알리는 표지로 뒤덮인 반투명한 외벽에 둘러싸여 있다. 그 외벽을 통과하여 박물관으로 들어가기 전, 오른쪽으로 조금 이동해 보자. 아기자기한 정원이 직각으로 서 있는 기묘한 광경을 볼 수 있다. 소위 '식물벽'이다. 150종의 식물들이 건물 외벽을 가득 채우며 직각으로 펼쳐진 정원을 구현하고 있다. 건물이 세워질 당시로선 세계에서 가장 넓은 면적에 구현된 식물벽이었고, 이 압도적인 장관은 파리 사람들을 사로잡아, 도시 곳곳에 비슷한 건물들이 생겨나게 된 시발점이 되었다. 미래의 파리에 대한 구상 속에는 빠짐없이 식물로 뒤덮인 건물 외벽이 등장한다. 이 5층짜리 건물은 박물관의 행정동으로 쓰이고 있다. 초록의 건물 옆, 유리로 된 외벽을 지나면 2만 평방미터에 가까운 너른 정원이 펼쳐진다. 칼로 잘 도려낸 듯 질서정연한 프랑스식 정원도, 자연미를 살린 오밀조밀한 영국식 정원도 아닌, 낯설지만 친근한 정원이다. 1천여 종의 다양한 식물들이 동거하는 곳이지만, 흐드러지게 긴 잎을 바람에 흩날리는 들풀과 우거진 고사리 잎새가 원시적 느낌을 물씬 풍긴다. 박물관 내부의 전시물들처럼 와일드한 느낌을 풍기는 정원 뒤엔 프랑스가 자랑하는 세계적인 건축가 장 누벨Jean Nouvel의 매력적인 건축물이 속살을 드러내고 있다.

장 누벨이 만든 원시예술의 성전

건물 외벽엔 자주색, 밤색, 주황색, 황토색, 베이지색의 큐브들이 입체적으로 달려 있다. 그것은 필시 태양과 흙과 나무거죽, 짚 등 이곳에 전시된 모든 작품들의 기본 재료가 되는 자연을 상징하는 색들일 것이다. 깨 브랑리 박물관의 설계를 맡은 사람은 프랑스의 스타 건축가 장 누벨(우리나라엔 이화여대 캠퍼스센터, 리움 등이 대표적인 장 누벨의 작품이다)이었다. 달팽이처럼 뱅글뱅글 따라 올라가도록 설계된 전시장 입구로 가는 길, 그 바닥엔 문자로 이뤄진 조명이 은하수처럼 쏟아진다. 그 알지 못할 대화의 물결을 즈려밟고 올라가면, 고래의 뱃속 혹은 노아의 방주 속 같은 기다란 전시장에 다다른다. 그것은 국경 없이 넘나드는 지구별을 평지에 펼쳐 놓은 것 같다. 벽도 없고, 밀고 들어가야 할 문도, 방도 없다. 곡선의 낮은 담장은 의자가 되고 낮은 울타리가 된다. 다소 어두운 조명 아래, 남북 아메리카, 아시아, 아프리카 오세아니아에서 이름 모를 장인에 의해 만들어지고 과거와 현재 속에서 사람들과 일상을 함께 하던 물건들이 그들의 찬연한 삶을 드러내고 있다. 악기, 옷, 가면, 장신구, 가구, 농기구, 제례 도구, 장신구, 인형…. 그것들은 유용할 뿐 아니라 아름답다. 마디마디 꼬깃꼬깃 정성과 한숨, 눈물과 웃음이 배어 있다.

그 어느 대륙에서나 제사장, 혹은 샤만들이 입던 의상과 그들이 쓰던 도구들은 가장 화려한 장식을 하고 있다. 거기엔 마을에 손재주 있는 모든 장인들이 모여, 신과 만나는 의식에 함께할 도구들을 장만한다. 예술가가 하나의 전문적인 직업으로 분화되기 전, 산업화가 인간을 땅으로부터, 우리가 만들어내는 모든 생산물로부터 우리를 떼어놓기 이전의 인간들은 모두 놀이하며 예술하는 호모 루덴스들이었음을 알게 해준다.

곰브리치 예술사에 나오지 않는, 우리가 역사의 뒤안길에 뒤쳐진 사람들이라 여겼던 그 절반의 세계가 만들고 누려온 삶이 장막 뒤에서 나와 장관을 이루며 움틀거리는 기운을 느끼게 하는 곳. 거기가 바로 깨 브랑리 박물관이다.

  2006년 박물관이 완공되어 개관하던 날, 그 자리에는 당시 97세였던 레비 스트로스(그는 3년 뒤 100세를 일기로 세상을 떠났다)가 초대되었다. 프랑스 사람들의 의식 속에 자리한 제국주의적 오만을 덜어내고 그 자리에 문화적 상대주의가 들어서게 한 그와 함께 깨 브랑리 박물관의 문을 여는 것은 멋진 생각이었다. 박물관 안에는 레비 스트로스의 이름을 딴 극장도 하나 있다. 여기선 전시장에 있는 전시물처럼, 예술의 틀에서 다듬어지고 정형화되지 않은 날 것의 행위들이 무대에 올려진다. 이를테면 한국의 만신 김금화의 굿공연같은.

유학생들의 낙원,
시테 유니베르시테 Cité Universitaire

학생시절, 당연히 점심은 주로 학생식당에서 해결했다. 학생증만 있으면, 내가 다니는 학교 구내식당뿐 아니라, 어느 학생식당이든 가서 저렴한 가격에 점심을 해결할 수 있었다. 그중에서도 시테 유니베르시테 (Cité Universitaire 국제학생 기숙사) 식당은 학생식당 특유의 옹색한 기분을 느끼지 않고, 밝고 쾌적한 분위기에서 식사할 수 있는 특급 학생식당이었다.

시테 유니베르시테는 그 자체로 거대한 기숙사촌이기도 하다. 거기엔 프랑스의 각 지역에서 올라온 학생뿐 아니라 전 세계에서 온 학생들을 수용하기 위한 40여 동의 기숙사 건물에 6천여 명의 학생, 연구원, 혹은 예술가들이 거주하고 있다. 각국의 고유한 건축양식을 르 코르뷔

지에 같은 내로라하는 건축가들이 자신의 이름을 걸고 형상화한 멋진 건축물들을 둘러보는 것만으로도 흥미진진하다. 한국은 상당한 규모의 유학생을 프랑스에 보내는 나라지만 지금까지 한국관은 없었고, 그 문제는 항상 유학생들에게 울분을 터뜨리게 하는 주제였다. 마침내 2011년 프랑스, 한국 양국이 시테 유니베르시테 한국관 설립에 서명을 하고 프랑스는 부지를, 한국은 건축비용을 부담하기로 하면서, 2017년 완공을 예정으로 공사가 진행 중이다. 그동안 한국 학생들은 다른 나라 관에 자리가 남으면 그것을 기다렸다가 차지하려고 늘 대기자 명단에 이름을 올리는 신세였다.

공부벌레들이 학문에 전념하는 근엄하고 살벌한 공간이기보단 발랄한 젊음들이 여유롭게 자신들의 꿈을 다져나가는 아름다운 대학촌. 그것이 시테 유니베르시테가 가진 이미지다. 밀란 쿤데라의 소설 『참을 수 없는 존재의 가벼움』에, 시인 최영미의 수필집에, 지방에서 파리로 올라온 사르트르의 젊은 날에도 이 시테 유니베르시테는 등장한다. 세계 곳곳에서 온 유학생들과 우정도 나눌 수 있고, 편한 조건에서 공부할 수 있는 이 학생들의 천국은 1925년 1차 세계대전의 몸서리쳐지는 야만에서 막 벗어나온 유럽이 화합을 도모하려는 의도로 출발한 거대한 평화의 프로젝트다. 조만간 100년에 이르는 이 거대한 대학 기숙사촌은 역사 속에 다양한 방식으로 그 이름을 새겨 왔다.

정문에 들어서면 정면에 여느 대학본관 건물 못지않은 웅장한 본관 건물이 보인다. 그 건물 안으로 들어가 오른편 끝에 거대한 학생식당이 있다. 학생은 약 3유로, 일반인은 그 두 배인 6유로 정도를 내고 식권을 사서 들어갈 수 있다. 가격 대비 동급 최강의, 깔끔하고 선택의 폭도 넓은 뷔페식 구내식당이다.

몽수리 공원

시테 유니베르시테 정면엔 몽수리 공원Parc Montsouris이 있다. 시테 유니베르시테 안에도 너른 녹색의 공간이 있지만, 몽수리 공원 안에 펼쳐진 영국식 정원의 자연스런 아름다움은 당장 인상파 화가의 그림 속을 걷고 있는 기분이 들게 해준다. 뷔트 쇼몽과 마찬가지로 19세기 말 나폴레옹 3세 때 조성된 공원이다.

몽수리 공원을 떠올리면, 10여 년 전 새해 첫 벽두에 연보랏빛 앙고라 목도리를 검은 코트 위에 두르고 몽수리 공원의 안개 낀 호숫가를 걷던 기억, 그리고 5년 뒤 아이와 함께 햇빛 쏟아지는 언덕 위에 팔 베고 누워 있는 듯한 고목을 벗 삼아 놀던 기억, 날 만나러 한국에서 온 한 출판사 편집인과 언덕 위에서 피크닉하며 수다 떨던 고운 기억들이 차곡차곡 겹친다.

뤽상부르그 공원이 파리에서 가장 관광객들의 사랑을 받는 공원이고, 몽소 공원이 가장 로맨틱한 공원이라면, 몽수리 공원은 가장 시적인Poétique 공원으로 꼽힌다. 특히 호숫가에 낭창낭창 가지를 흔들며 서 있는 수목의 아름다움은 녹색 낙원의 감미로움에 오롯이 스며들게 한다. 프랑스인들의 열정적인 애정을 한몸에 받는 20세기 시인 자크 프레베르는 몽수리 공원에서의 한 순간을 이렇게 노래했다.

> 파리의 몽수리 공원에서
>
> 겨울 햇살 속 어느 아침
>
> 네가 내게 입 맞춘
>
> 내가 네게 입 맞춘
>
> 그 영원의 한순간을 다 말하려면
>
> 모자라리라.
>
> 수백만 년 또 수백만 년도

info

주소 17, Boulevard Jourdan 75014 Paris
찾아가는 법 RER B선, 트램 3A선 시테 유니베르시테Cité Universitaire역. 역에서 내리면 정면에 시테 유니베르시테, 후면에 몽수리 공원 (구내식당 운영시간 : 점심식사 11:45~14:15, 저녁식사 18:15~21:00, 주말과 공휴일 휴무)

어른들을 위한 학생식당, 캉틴 Kantine

학생식당에서 학생들 틈에 끼겨 먹고 싶지 않다. 그런데, 매끼 15유로가 넘는 프랑스식 점심도 부담스럽다. 완전 그러하다. 프랑스엔 딱히 분식집이라고 할 만한 데가 흔치 않다. 파리 13구, 차이나타운에나 가야 만만한 가격대에 후딱 먹고 일어설 수 있는 쌀국수 집들이 줄지어 있다. 오페라 구역, 생 딴 거리의 일본 라면집, 우동집들이 문정성시를 이루는 현상은 점점 이 나라 사람들도 분식의 필요성을 절감한다는 것 아니겠는가? 지갑 가벼운 프랑스 사람들은 점심에 빵집에서 파는 샌드위치를 줄 서서 사먹는다. 그게 싫다면, 학교 급식처럼 식판 들고 줄 서서 먹는 어른들을 위한 구내식당도 종종 있다. 그럭저럭 먹을 만하고, 가격은 비교적 저렴한 구내식당 스타일의 식당 중 하나를 소개하려고 한다. 시청 앞 Hôtel-de-Ville 에 있는 백화점 BHV 5층에 가면 캉틴 Kantine 이라는 이름의 넓은 식당이 있다. 창 너머로 멋진 시청 건물이 한눈에 들어오고 탁 트인 모던한 공간. 혼자 먹어도 그다지 멋쩍지 않은 학생식당 분위기 그대로다. 7~8유로 선이면 본식을 하나 주문할 수 있다. 매번 생선요리, 고기요리, 혹은 스파게티나 피자 중 하나가 선택 가능한 본식으로 제시되고, 야채와 밥, 감자튀김 등은 곁다리로 넉넉하게 준다. 물론 여기서 전식이나 디저트, 와인을 양껏 추가하면 비용은 늘어난다. 전식이나 후식 중 하나만 추가하면 10유로 정도로 그럭저럭 흡족한 식사를 할 수 있다. 오전 열 시부터 백화점이 문을 닫는 오후 일곱 시까지 운영되므로, 식사

시간이 아닌 때 들러도 뭔가 요깃거리를 찾을 수 있고, 커피 한 잔에 케이크 하나를 먹으며 오후의 시장기를 달랠 수도 있다. 캉틴의 입구엔 길게 스타벅스 카페가 도입부처럼 자리를 펼치고 있으니, 유사품에 주의하시길.

info
찾아가는 법 지하철 1호선, 11호선 호텔 드 빌Hôtel-de-Ville역, BHV 백화점 5층 (일 휴무)

파리의 동대문 시장,
마르셰 생 피에르 *Marché Saint-Pierre*

"생 피에르 시장엘 가야지."

새 무대를 위해 의상을 직접 마련하는 연극배우 친구, 패치워크가 취미인 아이의 고모, 커튼을 바꾸려 한다는 옆집 여자…. 이 모든 여자들이 거기 가면 다 해결될 것처럼 말하며 '생 피에르 시장'을 들먹였을 때, 거기가 우리나라의 동대문 시장인 줄 단박에 알아먹을 수 있었다. 나마저 거기서 문제를 해결하겠다고 마침내 생 피에르 시장에 입성했을 땐 출산을 두 달 앞둔 시점, 그러니까 11년 전이다. 아기를 감싸 안을 보드랍고 따뜻한 천연섬유를 찾아내야 했고, 수유할 때 팔꿈치를 받칠 수 있는 쿠션 만들 재료와 아기 이름이 새겨진 턱받이를 만들 천도 구해야 했다.

생 피에르 시장도 동대문 시장처럼 여러 채의 큰 건물들 안에 가게들이 들어 있는 구조는 비슷하다. 상인들 태도도 어딘지 좀 거친 듯 무심한 듯, 동대문 시장에 갈 때마다 영양가 없는 손님 인증하며 기웃거릴 때와 별반 차이가 없었다. 그건 시장이라고 불리는 들판의 룰이었다. 그 선택의 광대함, 들어선 매장의 촘촘함은 동대문 시장을 따라가려면 멀었지만 그중 가장 규모가 큰 곳은 '드뤼피스 시장'이다. 6층 건물에, 2천 500평방미터 넓이의 매장이다. 그 유명한 '드뤼피스 사건'을 통해 짐작할 수 있듯, 유태인이 주인인 듯한 이 이름을 보니, 이 동네 상권도 유태인들이 잡고 있는 모양이다. 원단 시장이 있는 만큼 주변엔 그것을 가공하여 만든 패브릭제품 가게나, 소품, 재봉 도구 등의 가게도 즐비하다. 지하철 앙베르Anvers역이나 바르베스 호슈슈아르Barbès-Rochechouart역에서 내려, 끌리냥꾸흐 가Rue Clignancourt로 들어선다. 뒤로 보이는 사크레 쾨르(성심 성당)를 향해 잠시 올라가다 보면, 왼편으로 알록달록한 색깔들이 앞다투어 몸을 내미는 길이 들어온다. 생 피에르 광장을 둘러싸고 울긋불긋한 오색빛 천들의 세계가 펼쳐지는 곳, 거기가 바로 생 피에르 시장이다.

    프랑스 사람들은 직접 자기 손으로 집을 수선하거나 간단한 도구들을 만드는 일을 즐긴다. 사람들 집에 가보면 책상이나 책꽂이 등 간단한 가구들은 주인의 손으로 만든 경우들을 어렵지 않게 볼 수 있다. 대중적인 백화점인 시청 앞의 BHV 백화점 지하가 식품관이 아니라 통째로 공구 코너인 것만 봐도, 파리지앵들에게 직접 손으로 만들고 고치는 일이 얼마나 익숙한 일인지 짐작할 수 있다. 연 5주의 유급휴가가 보장되고, 주 35시간이 대부분 직장인들의 근무 리듬이며, 회식 따윈 없으니 일단 우리보다 남는 시간이 더 많다. 돈 주고 완제품을 사는 것보다 직접 뭔가를 만드는 일에 대한 가치부여가 여전하고, 사람을 불러서 일을 시키게 될 때 드는 인건비가 만만찮은 것도 사실이다. 이 모든 것이, 여전히 이들에게 뭔가를 집에서 직접 만들게 해준다. 대부분의 성인여성들이 연금을 받을 수 있는 나이가 될 때까지 일을 하고, 이들의 일상도 우리 못지않게 바쁘게 돌아가지만, 여전히 탁자보나 커튼, 손가방, 이불커버 같은 것을 간단한 재봉질로 만드는 여자들은 어렵지 않게 볼 수 있다.

어떤 사람들은 시간을 단축시키려 애쓰고, 또 어떤 사람들은 시간을 지연시키려 애쓴다. 너무 빠른 속도로 돌아가는 세상에서 우린 필연적으로 중요한 것들을 놓치기 때문이다. 질겅질겅 오래 씹고, 입안에서 오래 음미해야만 느낄 수 있는 맛들이 세상엔 늘 있기 때문이다. 100여 년 전에 들어선 이 시장은 그래서 여전한 활기로 북적인다. 시장의 완성되지 않은 날 것의 재료들로 뭔가를 완성해내고 싶어 하는, 여전히 21세기에도 존재하는 그 사람들 때문에.

가장 최근 이 시장을 찾았던 때는 2015년 11월 13일이었다. 시장을 한 바퀴 둘러보고, 시장 바로 옆에 있는 아트 브뤼트(Art Brut, 원생 예술) 미술관에 들러 인상적인 전시를 관람했다. 박물관이 문 닫을 무렵 전시장을 나와, 저녁놀에 물들어가는 몽마르트르 언덕에서 맥주를 한 잔 들이키며 함께 있던 친구와 수다를 나누는데, 카페 한 구석에 걸린 텔레

비전 화면에 파리 10구에 있는 내가 잘 아는 캄보디아 국수집에서 총격전이 벌어졌다는 황당한 뉴스가 스친다. 내가 있던 곳에서 불과 2킬로미터 남짓한 거리에서 벌어진 일이었다. 순간, '범인이 저 국수집 주인이랑 원수진 일이 있었나 보다' 하는 생각이 스칠 만큼, 총격이 시작된 곳은 후미진 골목이었다. 그러나 그것은 130명의 사망자를 발생시킨 11월 파리 테러의 시작이었다.

시장 옆 미술관, 생 피에르 홀 Halle Saint-Pierre

몽마르트르 언덕 발치, 생 피에르 시장 바로 옆에는 '생 피에르 홀'이라 불리는 아트 브뤼트 Art Brut 미술관이 있다. 아르 브뤼트는 공식적인 예술교육을 받지 않고, 전문적인 예술가로 활동하지 않는 사람들이 만들어낸 예술작업들을 지칭하는 말이다. 화단의 경향이나 미술 시장의 흐름에서 벗어나 자신의 정신세계를 자신만의 방식으로 표현한 예술이어서, 그 작업의 스펙트럼은 방대하다. 그럼에도 불구하고 일관되게 느껴지는 공통점이 있다면, 그것은 어떤 집요함이다. 모종의 이유로 세상과 단절된 사람들. 마음의 병을 앓고 있는 사람들의 작업인 경우도 흔한데, 문자화된 언어로 쉽게 표현되지 않는 그들 내면은 어딘지 애절하고 그것을 손끝의 노동으로 표현해내는 노력에선 간절함이 느껴진다.

아트 브뤼트는 와인 도매상을 하다가 예술의 길로 들어선 쟝 뒤

당신에게, 파리

뒤페Jean Dubuffet가 처음 사용한 말이다. 그는 자신의 작품세계에 큰 영향을 끼친 아트 브뤼트 계열의 작품들을 다량 수집하기도 했고, 그가 기증한 수집품은 스위스 로잔에 있는 아르 브뤼트 박물관의 토대가 되었다. 지난 11월 마지막으로 이곳을 방문했을 때엔 서울미대를 졸업하고 프랑스의 미술대학에서 수학한 약력을 가진 한 예술가의 작업도 전시되어 있었다. 아트 브뤼트 미술관에 작품을 걸기엔 이미 빡센 정규 예술교육을 받으신 분이, 아웃사이더를 가장하여 이 세계에 진출하신 건가? 아님 카테고리 밖의 카테고리라도, 이미 영역이 명명되고, 스타가 발굴되고, 전문 미술관, 전문 갤러리, 콜렉터가 생겨난 이 세계 역시 비집고 들어가야 할 시장이 된 걸까?

2~3년에 한 번 정도, 파리 몽마르트르 언덕을 올라가 보고파하는 멀리서 온 지인들을 동반하여 이 근처에 올 때면, 난 항상 이 미술관에 들러 그동안 진화한 아트 부뤼트의 세계를 관찰한다. 예측불허의 기발한 웅변, 아이와 어른의 정신세계를 자유롭게 오가는 명랑한 세계, 표현되어져야만 했던 누군가의 집요한 내면을 거기서 만난다. 탁월한 안목을 가진 것이 분명한 주인 덕분에, 언제나 책들에 시선을 빼앗긴 사람들로 바글거리는 서점, 미술관 부속 카페테리아들의 단정한 깍쟁이 같은 느낌 없이 편안하고 넉넉한 카페도 "très sympa(매우 호감간다)".

info

• 생 피에르 시장 Marché Saint-Pierre

주소 2, Rue Charles-Nodier 75018 Paris

운영시간 월~금 10:00~18:30, 토요일 10:00~19:00

• 생 피에르 홀 Halle Saint-Pierre

주소 2, Rue Ronsard 75018 Paris

찾아가는 법 지하철 2호선 앙베르 Anvers역, 지하철 12호선 아베스 Abbesses역, 지하철 2호선, 4호선 바르베스 호슈슈아르 Barbès-Rochechouart역

운영시간 월~금 11:00~18:00, 토 11:00~19:00, 일 12:00~18:00

70유로짜리 자유,
나비고 카드 *Carte Navigo*

　나는 나비고 카드 *Carte Navigo* 예찬자다.
　'나비'랑은 별 상관없이 지어진 이름이지만, 2014년부터 시작된 새로운 변화와 함께, '나비처럼 훨훨'의 의미를 획득한 이 카드는 파리와 수도권 지역 교통정기권이다. 이거 하나면 샤를 드골 공항에서부터 베르사이유, 디즈니랜드까지 파리 근교 어디든 자유롭게 다닐 수 있다.
　나비고가 구역별로 달라지던 요금제를 폐지하고, 전 구역 동일 요금제로 바뀐 것은 2015년이다. 놀라운 것은 가장 싼 요금(즉, 2존 가격)으로 단일화되었다는 사실이다. 파리를 둘러싼 인근 수도권 도시는 1존부터 5존까지로 구획되어 있다. 과거에는 1~2존만 갈 수 있는 표와 1~5존을 모두 오갈 수 있는 표의 가격이 확연히 달랐다. 경제적 사정이 어려울수록 집은 도심에서 멀어지고 아무래도 일자리는 도심에 더 많이 있다. 따라서 사실상 가장 가난한 사람이 가장 많은 비용과 시간을 들여서 이동을 해야 하는 시스템이었다. 5존에 사는 사람이 1존으로 출퇴근할 경우, 차라리 승용차를 이용하는 것이 저렴할 정도로 정기권의 가격은 부담스러웠다. 자가용 출퇴근 인구를 줄이면서 환경오염도 줄여보자는 녹색당의 의도에서 발의된 법안이 사회당의 동의를 얻어 통과되면서, 가장 먼저 혜택을 입은 사람들은 당장 교통요금이 절반으로 줄어든 4존과 5존에 살던 사람들이다. 하지만 실질적으론 수도권 내 모든 사람들이 큰 혜택을 누리게 되었다. 그 변화를 한 단어로 요약하자면 '자유'! 전체 구역의 요금을 가장 싼 요금으로 단일화하면서 1, 2, 3, 4, 5존 사이에 걸려 있던 거추장스런 철조망이 일거에 걷히게 된 것이다. 이 사소한 개혁이 주는 일상의 해방감은 상상을 초월한다.

　　보통, 사람들은 일정한 구간 내에서 일상을 보낸다. 1~2존이 주된 생활 반경인 사람은 2존짜리 나비고 카드를 사서 쓴다. 그러나 삶에는 언제나 변수가 등장한다. 3존에 사는 친구, 4존에서 하는 연극 공연, 5존에 있는 공항으로 친구를 마중 나가야 하는 상황 등. 요금 통폐합 이전엔, 2존 정기권을 가진 사람이 공항까지 누굴 마중 나가기 위해선 따로 5존 왕복 티켓을 사야 했다. 26유로. 한국 돈으로 3만 원이다. 오고 가는 시간뿐 아니라 소리 없이 푼돈이 날아가는 쓰라림을 맛보지 않을 수 없다. 마음속에선 공항에 가지 않을 다른 핑계가 없나 찾아 헤매게 된다. 4존에서 하는 공연을 보러 가고 싶다면 공연 요금 외에 26유로가 추가로 붙는다. 검표원이 늘 있는 것도 아니니 이번 한 번만 눈 딱 감고 무임승차를 강행해 볼까. 그러다가 검표원 만나면 쪽팔림은 기본, 최소 50유로의 벌금을 물어야 하고 일주일 정도 불쾌감이 따라다닌다. 구역별로 잘게 쪼개진 나비고 카드 시절, 이렇게 우리를 늘 시험에 들게 했던 야속한 나비고 카드는 2015년부터 그 혐의를 벗게 되었다. 월초 70유로라는 목돈을 지불할 땐 쪼금 부담스러운 게 사실이지만 나머지 한 달 동안, 어딘가로 이동하는 데 있어 경제적 부담을 완전히 잊고 나의 행동반경을 정할 수 있다는 사실이 주는 위로는 크다.

88년도에 대학에 들어갔던 나는 서울에서도 일 년간 정기권이란 걸 쓰다가 그다음 해에 정기권이 정액권으로 바뀌는, 쓰라림을 경험했던 기억이 있다. 정기권 시절, 횟수에 제한 없이 정해진 구역에서나마 자유롭게 움직일 수 있었다면, 정액권으로 바뀐 후부터는 이동할수록 더 많은 돈을 내야 한다는 사실이 나의 움직임을 심리적으로 위축시켰던 기억이 또렷하다. 정기권과 정액권, 중간 글자 하나를 바꾸는, 별거 아닌 듯한 변화는 인간의 행동반경을 경제논리 하에 굴복시키는 엄청난 일이었던 것이다.

한 달짜리는 70유로(약 8만5천 원)다. 1주일짜리는 21유로(약 2만7천 원)인데, 일주일 이상 파리에 머무를 사람이라면, 아니 실은 닷새만 머문다 해도 이걸 사서 쓰는 게 절대적으로 유리하다. 한 번 사놓으면 횟수 제한 없이 지하철, 버스, 트램, RER 모두 쓸 수 있고, 바토뷔스(Batobus, 센 강을 오가는 수상 버스)도 이 카드가 있으면 할인을 받을 수 있다. 조금 부담스런 금액이긴 하지만 저소득층이나 실업자, 학생, 65세 이상은 무료이거나 50% 할인을 받는다. 귀찮은 점이 있다면 증명사진 한 장이 필요하다.

    나비고 카드가 제공하는 70유로짜리 자유에서 한 걸음 더 나아가 프랑스의 몇몇 지방도시는 대중교통요금이 완전 무료인 곳들이 있다. 대중교통이라 봤자 버스밖에 없긴 하지만, 확장된 나의 발처럼 관내 모든 버스를 무료로 운영하는 그 작은 실천은 다른 도시와 큰 차이가 없는 해당 도시의 인구를 급증시키고 교통의 허브가 되게 하는 역할을 했다. 한 달 50~60유로를 절약하는 것보다 더 크게 다가오는 것은 내 이동의 자유를 이 도시가 허락한다는 사실이다. 그 사소한 자유는 수백 가지 영역에서 발랄하고 상큼한 기운을 북돋는 시너지로 퍼져간다.

포도주와 와인 숍

엄마가 없는 사이, 옆집 사는 여덟 살 소녀 사샤에게 깍두기 한 공기를 퍼줬다고 딸이 실토한다. 우리 집에 와서 깍두기를 먹어보고 아주 맛있어 한 사샤에게 딸이 베푼 호기로운 선의였다. 놀랍지 않은 에피소드였다. 라면에서부터 멸치볶음, 떡볶이, 김치볶음밥까지 다 소화하는 사샤니까. 그런가 하면 또 다른 이웃 루미 엄마는 언제가 한 번 테라스에서 냄새피우며 해먹다가 몇 조각 갖다준 양념통닭을 잊지 못한다. 그거 또 안 하냐고 틈틈이 압력을 행사한다. 비르질 아빠 클로테르는 고사리를 넣어 만든 얼큰한 육개장을 맛보고 탄복한다. 프랑스 사람들은 한국음식을 어려움 없이 잘 받아들인다. 물론, 한국음식에 대해서만 그런 건 아니다. 미국만큼이나 여러 민족이 모여 사는 나라고, 음식에 대한 호기심과 열정이 왕성한 나라여서, 전 세계 정통요리들을 모두 맛볼 수 있는 데가 파리다. 티베트 음식, 아프리카 음식, 레바논 음식, 일식, 태국, 캄보디아, 러시아 음식…. 현지화하기보단 각 나라의 정통요리를 선보이려는 추세가 강하다. 그러다 보니 그 모든 음식들을 두루 섭렵하며 사는 이 나라 사람들의 혀끝은 예민하면서도 폭넓은 미각을 수용할 수밖에.

　　프랑스 요리에서 맛의 미묘함을 좌우하는 것은 소스의 힘이다. 사계절 또렷하고, 산과 바다, 대륙성, 해양성, 지중해성 기후를 고루 가진 나라답게 풍성한 식재료를 지닌 프랑스는 기본 재료에 다양한 허브와 식물성 기름으로 빚어낸 소스로 맛을 승부한다. 그리고 거기에 화룡점정처럼 결정적인 맛을 좌우할 소스의 재료로 포도주가 등장한다. 고기요리에는 적포도주가, 해산물이나 생선요리에는 백포도주가 흔히 더해져서, 깊은 맛을 내는 데 기여하는 것이다.

　　프랑스 사람들은 아침식사를 제외하곤, 점심, 저녁 식사시간에 흔히 포도주를 반주로 한두 잔 곁들여 마신다. 그리고 주로 저녁식사에, 디저트 전에 입가심으로 맛보는 게 치즈다. 흔히, 여러 종류의 치즈를 식탁 위에 올려 조금씩 포도주 한 잔과 함께 맛보는 식이다. 반주로 곁들이는 그 포도주 한 잔이 프랑스의 악명 높은(!) 느린 식사시간의 주범이다. 들이키는 게 아니라 음미해야 하는 그 술이 식사 속에 느긋하게 자리할 수 있게 하려면, 포도주를 위한 배려의 절대 시간이 필요하기 때문이다.

　　그래서 탄생한 게 프랑스의 각별히 길고 호사스런 음식 문화가 아닌가 싶다. 오죽하면 '프랑스 음식'도 아니고 '프랑스 음식문화'가 유

네스코의 세계문화유산으로 지정되었을까. 레스토랑에 갈 때마다 "이 나라 사람들은 하루가 27시간쯤 되는 줄 아는 게 틀림없다!! 어쩜 실제로 그런 거 아닐까?" 이런 허무맹랑한 생각을 하게 될 만큼, 프랑스 사람들이 갖는 느긋함은 천천히 정성들여 발효하고 숙성시키고, 갖은 허브들을 조화시켜 미묘한 향이 풍미를 더하는 음식들을 만들 수 있게 해준 바탕이다.

이만큼 일상적인 필수품이다 보니, 포도주 빚는 기술은 늘 수밖에 없고 가격은 상대적으로 만만해질 수밖에 없다. 프랑스 살면서 가장 뿌듯해지는 순간은 그 어떤 꼬질꼬질한 동네 구멍가게에 가도 수백 가지의 그럴듯한 포도주들이 10유로도 안 되는 가격에 진열되어 있는 걸 눈으로 확인할 때다. 그럴 때면 '이곳이 천국일세' 탄식이 절로 나온다.

슈퍼마켓에 가서, 5유로 이상 되는 포도주 중에서 고르면 제법 쓸 만한 포도주를 만날 수 있고, 10유로가 넘어가면 상당히 좋은 포도주를 마실 수 있다. 아무리 욕심이 나도 포도주 한 병에 굳이 20유로 이상 쓸 필요는 없다. 동네 유기농마켓에서 파는 유기농 포도주만도 수백 가지 종류가 있다. 고를 만한 안목은 없지만, 파리에 온 만큼 좋은 포도주를 꼭 고르고 싶다면, 방법은 전문 포도주 숍에 가는 것이다. 딱히 포도주 전문가는 아니지만, 10년 남짓 살면서 조금씩 맛본 공력으로 슈퍼마켓 와인코너에서 길잡이가 될 몇 가지 괜찮은(물론 지극히 주관적인) 포도주들을 소개한다.

- **화이트 와인** – 샤블리Chablis, 알자스Alsace, 상세르Sancerre, 부르고뉴 알리고테Bourgogne Aligoté

- **레드 와인** – 생 조셉Saint-Joseph, 생 테밀리옹Saint-Emilion, 샤또 마고Château Margaux, 뽀이약Pauillac, 생 줄리앙Saint-Julien, 슈베르니Cheverny, 상세르Sancerre

- **로제 와인** – 로제라고 부르는 분홍빛 포도주는 주로 여름에 차게 해서 식전에 식욕을 돋우기 위해 마시는 포도주다. 특히 로제만큼은 유기농으로 구입하는 걸 권하고 싶다. 유기농이 아닌 로제 와인은 마시면 머리가 아픈 경우가 종종 있기 때문이다. 코트 드 프로방스Côte de Provence나 랑그독-루시용Languedoc-Roussillon 산이 유명하다. 프랑스에서 유기농 마크는 초록색 네모 칸 안에 AB(Agriculture Biologique의 약자)라고 쓰여 있다.

- **크레망**Crémant – 샴페인은 샴페인Champagne 지역에서 나는 와인의 일종이다. 그중에서도 톡 쏘는 맛이 나는 거품이 이는 화이트 와인을 일컫는다. 즉, 샴페인은 와인의 종류라기보다는 지명이다. 샴페인 지역산이 워낙 유명하다 보니 그 자체가 하나의 상품명이 된 케이스다. 크레망이 이 톡 쏘는 화이트 와인을 일컫는 본래의 이름이며, 프랑스에는 샴페인 말고도 다른 지역에서 만드는 충분히 맛좋은 크레망들이 있다. 가격은 샴페인의 절반 수준이다. 그중에서도 알자스Alsace 와 부르고뉴Bourgogne산 크레망은 특별히 권할 만하다.

- **그랑 크뤼**Grand Cru – 최고 등급의 와인을 일컫는 일종의 품질보증 마크다. 전체 포도밭 중 1.12%가 그랑 크뤼로 판정받는 만큼 귀하고 가격도 높은 편이다.

파리의 소문난 와인 숍

르 깽즈 뱅 Le Quinze Vins

파리 5구, 라탱 구역 안에 자리 잡은 이 아담한 와인 숍은 와인 바를 겸해서 운영한다. 젊고 친절한 세 명의 소믈리에가 함께 손님을 맞는 이곳은 흔히 만날 수 없는 놀라운 맛의 포도주들을 맛볼 수 있는 곳으로 소문나 있다. 곁들여 나오는 치즈와 프랑스식 소시지들의 맛 또한 포도주에 걸맞는 수준이어서, 순식간에 와인 애호가들 사이에서 탄탄한 신뢰를 얻었다. 눈 감고 골라도 잘못 고를 수는 없는! 믿고 찾는 와인 숍이다. 친구들과 가서 몇 가지 와인을 즐긴 후 한두 병 사가지고 나오기에 딱 좋다. 5분만 걸어 나오면 노트르담 성당이 마주 보이는 센 강이 나온다. 와인으로 목을 축인 후 강변을 산책하는 것도 좋을 듯하다. 와인 바 중심으로 영업을 하는 관계로 느지막이 문을 열고 또 그만큼 늦게 닫는다.

주소 1, Rue Dante 75005 Paris
찾아가는 법 지하철 4번 RER B,C호선 생 미셸Saint-Michel역, 지하철 10번 클뤼니 라 소르본 Cluny-la Sorbonne역 (서점 셰익스피어 앤 코에서 5분 거리)
운영시간 화~토 11:00~24:00

라비니아 Lavinia

파리의 포도주 애호가라면 한 번쯤 들어봤을 이름이다. 6천여 종에 이르는 중간 정도 가격대의 포도주에서 최고급 포도주까지 두루 갖추고 있는 와인의 숲이다. 어느 정도 기본적인 가이드라인을 갖고 들어서지 않으면 그 속에서 길을 잃을 수도 있다. 지하 1층과 1층에서는 와인을 팔고, 2층은 와인 바를 겸한 레스토랑인데, 다소 고가의 식사들을 와인과 함께 즐길 수 있다.

모든 판매원과 영어로 상담하는 것이 가능하다. 자신이 원하는 포도주를 설명하면 성심껏 요구에 맞는 포도주를 찾아준다.

주소 3, Boulevard de la Madeleine 75001 Paris
찾아가는 법 지하철 8, 12, 14호선 마들렌Madeleine역
운영시간 (와인 숍) 월~토 10:00~20:30,
　　　　 (레스토랑) 월~토 12:00~21:00

라 까브 데 빠삐유 La cave des Papilles

30년째 이곳에서 자리를 지켜온 유기농, 친환경 포도주 전문 숍이다. 프랑스 전역에서 친환경으로 포도주를 생산하는 소규모 포도농장으로부터 1200종의 가장 친자연적인 포도주를 공급받는 곳이다. 포도주에 대한 지식과 열정을 가진 직원들이 추천하는 흔치 않은 포도주들을 정직한 가격에 만날 수 있다.

주소 35, Rue Daguerre 75014 Paris
찾아가는 법 지하철 4, 6, RER B선 덩페-호슈호Denfert-Rochereau역
운영시간 (월 오전, 일 오후 휴무)

5.
파리지앵의 소소한 귀띔

petits chuchotements d'une parisienne

카페

1. 잠시 지친 다리를 쉬며 커피를 마시고 싶어서 카페에 들르는 경우, 테이블에 가서 앉지 않고 바(Bar)에 주문하면 테이블에 앉아서 마시는 커피의 절반 값만 받는다. 1유로~1유로30쌍팀 정도. 바에 높은 의자를 갖다 놓는 경우가 자주 있고, 그 자리에 앉아서 마셔도 반값을 받는 건 마찬가지다. 카페 종업원이 잔을 들고 테이블까지 이동하는 시간을 줄이는 서빙이라는 이유로 가격이 싸지는 것이다.

2. 파리에서 커피를 달라고 하는 경우, 그것은 자동적으로 에스프레소를 의미한다. 우리 기준으론 상당히 진한 커피다. 그보단 좀 연한 커피를 마시고 싶다면, 카페 알롱제(Café allongé, 물을 타서 양을 늘린 커피라는 의미)를 달라고 하면 된다. 이 정도면 우리가 흔히 한국에서 마시는 아메리카노보다 약간 진한 커피가 나온다. 그리고 99퍼센트의 경우 카페와 까페 알롱제의 가격은 같다.

3. 우린 카페 오레(밀크커피)를 흔히 마시는데, 프랑스에서 카페 오레의 가격은 일반 커피보다 두 배 정도 비싸다. 우유 자체를 거품 내서 따뜻하게 만드는 공정이 첨가되기 때문이고, 이걸 마시는 사람이 이 나라엔 많지 않기 때문이기도 하다. 일반 커피에 살짝 우유를 몇 방울 떨어뜨리는 것 정도를 원한다면, 카페오레가 아니라 카페 누아젯(Café noisette)을 달라고 하면 된다. 그럴 땐 카페 오레 값을 받는 게 아니라 일반 커피보다 20쌍팀 정도만 더 돈을 내면 된다.

4. 진한 커피를 마시고 나서 물로 입가심을 하고 싶을 때 "물 한 잔(엉 베르 도, Un Verre d'eau)" 달라고 하면, 그건 공짜로 준다. 아예 커피를 시킬 때부터 커피하고 물 한 잔을 같이 달라고 할 수도 있다.

5. 식당에나 카페에서 물을 주문할 때 그냥 물을 달라고 하면, 100퍼센트 유리병에 든 식당용 생수를 준다. 아니면 일반(생수)인지 탄산수인지 물어보고 둘 중 하나를 갖다줄 것이다. 파는 생수를 선호하는 사람은 그중에서 선택하면 되지만, 굳이 물에 돈을 쓰고 싶지 않은 사람은 "윈 까라프 도(Une carafe d'eau)를 달라고 해야 돈을 내지 않아도 되는 물이 나온다. 까라프는 물을 담는 투명한 호리병을 가리키는 말이다. 거기에 담아서 나오는 물은 안전성을 충분히 입증받은 이 나라의 수돗물이다.

빵, 프랑스 최고의 음식

내가 파리에 와서 가장 먼저 한 일은 빵을 사러 가는 거였고, 처음 불어로 한 말은 "바게트 하나 주세요"였다. 윈 바게트 실 부 쁠레Une Baguette S'il vous plaît. 생존을 구하는 그 절대 절명의 문장. 파리 8구 샹젤리제 뒷골목, 엘리베이터 없는 6층 다락방에 살던 친구 집에 짐을 내려놓은 다음날 아침, 난 바게트 사러가는 심부름을 자청했다. 삼천포에서 처음 서울에 올라와 지하철 표를 사기 전 긴장하던 학생처럼, 줄에 서서 내가 말할 "윈 바게트 실 부 쁠레"를 제발 빵가게 점원이 알아먹기를 바라며 입안에서 곱씹었다. 빵집 여자는 내 말을 무사히 알아들었고, 기계적인 동작으로 내게 바게트를 건넸다. 내 손에 전해진 끝이 뾰족하고 겉은 단단한 바게트가 뜨거움을 아직 간직하고 있단 걸 알았을 때, 가슴은 흥분으로 울렁거렸다. 매일 매일 이 따끈한 바게트로 시작되는 아침을 얼마든지 기쁘게 맞이할 수 있을 것 같았다.

지금도 아침을 싱그러운 기분으로 일어날 수 있게 해주는 것은, 이 맛있는 빵들과 커피향이 어른거리는 아침 식탁이다. 커피를 내리고 오렌지와 사과, 키위 등 과일들을 곁들여 식탁을 차린 후 바게트나 통밀빵에 이것저것 발라먹는다. 음악을 듣고 창밖으로 오가는 새들을 본다. 이 아침식사(쁘띠 데즈네Petit-déjeuner)의 싱그러움을 사랑하기에, 종종 사람들을 만날 때도 아침에 카페에서 만난다. 아침을 함께하는 즐거움을 나누고 싶은 사람들은 은밀한 이야기를 털어놓아도 좋은 사람이다. 대화가 끊겨도 어색하지 않고, 아침의 종요로움으로 서로를 어루만질 수 있는 사이. 혹은 그런 사이로 다가설 수 있는 관계에 허락되는 시간이, 함께 나누는 아침식사 시간이다. 약간 쌀쌀한 날씨에 가스등 아래서 커피잔을 호호 불며 테라스에 앉아 함께 나누는 아침식사도 향기롭게 오래 기억되는 식사다. 보통 카페들은 커피에 막 갈아 만든 오렌지주스, 크루아상, 바게트와 버터, 과일 잼 등을 아침식사로 내놓는다.

바게트는 여성명사다. 크루아상Croissant은 남성명사. 빵은 남성, 크레프는 여성이다. 세상의 모든 사물에 성을 부여하는 이 사회에서 나는 여성을 부여받은 바게트를 손에 쥐고 나의 새로운 시간을 시작했다. 마치 세상의 모든 존재들을 음과 양으로 나누고, 그들이 머물러 있는 공간에서 음과 양의 기운이 서로에게 에너지를 주고받으며 우주를 지탱하게 하는 것 같은 이 세계에 와서, 그 각각의 존재들이 부여받은 성을 발견하면서, 그들 사이에 만들어지고 있는 음양의 자장을 머릿속으로 그려보곤 했다. 그러다가 우리나라에 오면, 왠지 헐거운 듯한, 그래서 훨씬 더 단순하고 소박해 보이는 사물들의 관계에서 휴식을 경험하기까지. 바게트를 지칭할 때도 여기선 그녀 엘르Elle 라고 말한다. "그녀는 따뜻하군요Elle est chaude" 어찌 바게트에 대해 더 애틋해지지 않겠는가.

우리의 제과점들이 체인점 위주인데 반해 여긴 골목마다 빵을 굽는 장인들이 하나씩 있는 셈이다. 대부분의 빵집엔 상호도 따로 없다. 거의 대부분의 경우 그냥 빵집Boulangerie이나 제과점Pâtisserie라고 쓰여 있다. 예부터 마을에 공동화덕이 있고, 그 공동화덕에서 동네 남자들이 돌아가면서 동네 전체가 먹을 빵을 굽던 게 지금 빵집들의 전신이다. 때문에 이 나라 사람들은 주식인데도 여전히 그걸 아침마다 밖에서 들고 오는 것이다. 그래서 케이크 값은 비싸지만 빵 값은 싸다. 이건 주식이니까. 17년 전 내가 처음 샀던 바게트의 가격은 800원이었고, 지금은 1200~1300원이다. 바게트를 살 때에는 20쌍팀 정도 비싼 바게트 트라디시옹Baguette tradition을 구입할 것을 권한다. 보통 바게트가 끝이 뭉툭한 반면, 바게트 트라디시옹은 끝이 뾰족하고 속살의 맛은 더 쫀득하다. 이 나라에서 빵이라는 카테고리에 들어가는 것들엔 당분이 없다. 그리고 저걸 딱딱해서 어떻게 먹지 싶은 빵들이 대부분이다. 그러나 겉은 딱딱하지만 속은 보드랍고 약간 쫀득거린다. 요즘은 건강을 좀 더 생각하고 매일 아침 일찍 일어나 찬바람 쏘이고 싶을 만큼 부지런하지도 않아,

한 번 사놓으면 2~3일은 먹을 수 있는 통밀빵을 더 자주 먹는다. 아마씨와 호박씨, 해바라기씨가 콕콕 박혀 있는. 거기에 버터니, 꿀이니, 과일잼 등을 발라 오독오독 씹어먹는다. 이 나라 어느 동네 어느 빵집을 가든, 빵맛은 기본은 한다. 우리나라 식당에 가면 밥 하나는 제대로 지을 줄 아는 거랑 비슷하다. 그래도 각별히 더 솜씨 좋은 빵집은 있게 마련이다. 매년 엘리제 궁에 납품할 영광의 빵집을 고르는 콘테스트를 하면서, 빵집들이 진검승부를 벌이는 종목은 바게트다. 바게트는 그만큼 기본적이면서도 가장 난이도가 있는 빵 중 하나다. 빵이 맛있는 나라에서 제일 솜씨 좋은 빵집들 몇 곳을 소개한다.

뒤 빵 에 데지데(Du Pain et des Idées, 빵과 생각들)

파리 10구, 생 마르탕 운하에서 몇 발자국 떨어진 곳에 있는 이 빵집을 많은 사람들이 파리 최고의 빵집으로 꼽는다. 내 생각도 그러하다. 그렇다고 해서 우리나라 대전의 성심당이나 나폴레옹 과자점처럼 대형 빵집을 연상하면 곤란하다. 프랑스에선 빵과 제과를 비교적 또렷하게 구분하는데, 이 집은 빵집이다. 흔히 우리나라 제과점에서 만날 수 있는 케이크류는 팔지 않는다. 규모도 아담한 편이다. 기교를 부리기보단 전통적인 제빵 기술에 충실하고, 유기농 재료들을 많이 사용하여 가장 순수하고 담백한 맛을 내는 것이 이 집 빵의 특징이다. 이 집의 히트상품은 빵 데자미(Pain des Amis, '친구들의 빵'이라는 뜻)이다. 네모 납작한 이 빵에는 호두와 밤이 듬뿍 있다.

info
주소 34, Rue Yves-Toudic 75010 Paris
찾아가는 법 지하철 5호선 자크 봉세르장Jacques Bonsergent역, 지하철 3, 5, 8, 9호선 레퓌블리크République역.
운영시간 월~금 06:45~20:00 (주말 휴무, 7월 25일~8월 23일 휴무, 12월 25일~1월 1일 휴무)

르 그르니에 아 빵 Le Grenier à Pain, 빵 다락방

2010년과 2015년 두 번에 걸쳐 파리 최고의 바게트를 만드는 집으로 선정되어 엘리제 궁(대통령 집무실)에 바게트를 납품하는 영광을 누려온 집이다. 이 집의 특기는 두말할 것도 없이 바게트, 바게트 트래디셔널, 그리고 크루아상. 따라서 이 바게트와 크루아상으로 만든 점심메뉴 샌드위치도 손으로 꼽을 수 있는 맛이다. 몽마르트르 언덕 올라가는 길에 있다.

주소&찾아가는 법 38, Rue des Abbesses 75018 Paris / 지하철 12호선 아베쎄Abbesses역, 2호선 앙베흐Anvers역
운영시간 목~월 07:30~20:00 (화, 수 휴무)

위레 Huré

퐁피두센터에서 람뷔토 가Rue Rambuteau로 들어서면, 거기서부터 마레가 시작된다. 마레에는 손꼽을 만한 빵집들이 제법 있는데, 그중에서도 일년 내내, 지금 막 바겐세일을 시작한 백화점처럼 문정성시를 이루는 곳

이 위레Huré다. 위레는 가족이 함께 만들어가는 빵집이다. 형은 제과를 담당하고 동생은 빵을 만든다. 특히, 이 집의 막내인 깡땅Quentin은 2011년 프랑스 최고의 제빵사로 선정된 바 있다. 2015년 파리 최고의 바게트로 뽑혔던 것은 결코 우연이 아니었다. 빵이 강한 집은 제과 쪽이 다소 딸리게 마련인데, 이 집의 장점은 그 두 분야가 막상막하를 이룬다는 점이다. 제빵에선 전통적 제빵기술로 본연의 맛을 지켜가고 있다면, 제과 부분에선 기본 아이템 외에 꾸준한 실험이 이뤄진다. 화려한 색감을 자랑하는 에클레흐와 마카롱은 가장 먼저 눈길을 끌어당기는 이 집의 대표상품이고, 빨미에나 갸또 오 쇼콜라도 좋은 평을 듣는다. 그러나 무엇보다도 무어라 명할 수 없는 다양한 조합의 케이크들이 위레를 좋아하는 사람들이 가장 크게 환호하는 대목이다. 아이가 다니는 초등학교 옆이라, 4시 반에 교문 밖으로 나오는 아이를 데리고 가서 빵 오 쇼콜라나 에클레흐를 사 먹이곤 했다. 그 명성과 인기에 비하면 가격은 오만하지 않다. 그러나 서비스는 갈 때마다 조금 차갑다는 인상을 남긴다. 빵을 고르고 사는 데 걸리는 1분 남짓한 시간의 미세한 쌀쌀함을 대수롭지 않게 넘길 수 있다면, 기꺼이 추천하는 빵집.

주소 18, Rue Rambuteau 75003 Paris
운영시간 06:30~20:30

파리의
집 없는 사람들

난 일요일엔 일하지 않아요

파리에 와서 우리가 피할 수 없이 마주치는 충격 중 하나가 100미터 간격으로 만날 수 있는 거리의 거지들이다. 세상 어디에건 그들이 있다는 사실을 다시 한 번 확인함과 동시에 '너무한 거 아닌가' 싶을 정도로 많은 그들을 보며, 우린 불편한 생각에 잠길 수밖에 없다.

2003년에 나와 공전의 히트를 기록한 장 피에르 쥬네의 영화 『아멜리에(원제 Le Fabuleux destin d'Amélie Poulain)』는 파리란 도시에 대한 판타지를 극대화시켜주는 영화다. 영화는 주로 파리의 센 강 북쪽의 서민 동네를 배경으로 이들의 소박한 일상을 비춘다. 고독하고 단조롭던 그들의 삶은 아멜리가 요정처럼 각각의 이웃들에게 작은 삶의 기쁨을 찾아주기로 결심하면서 갑자기 형광빛을 띠기 시작한다. 그리곤 마치 푸석하던 빵 위에 꿀물이 녹아내린 듯 그들의 삶은 윤기를 띠고 전환점을 맞는다.

이 영화에서 가장 기억에 남는 장면 중 하나는 아멜리가 기차역에서 한 거지에게 동전을 주는 장면이다. 거지는 아멜리에게 이렇게 말한다. "난 일요일엔 일하지 않아요" 아멜리는 멋쩍어하면서 손을 거둔다. 노숙인들은 거리가 집이다. 그들의 곤란한 점은 일할 때와 쉴 때가 쉽게 구분되지 않는다는 사실. 그는 그날 길에 앉아서 구걸을 하는 자신의 일을 한 게 아니라 휴식을 취하고 있던 중이었는데, 아멜리가 돈을 줌으로써 그에게 일하는 일요일을 만들어준 것이다. 실제로 주는 돈을 일요일이라고 거부하는 거지를 만난 적은 없지만, "날 그만 좀 내버려 두세요"라고 말하며 돈을 거절한 거지, 빵을 건넸더니 "내가 배가 고파 이 길에 나선 건 맞지만 먹는 걸 받을 순 없다"고 침통한 표정으로 답한 남자를 마주친 적이 있다. 3~4초 정도로 짧게 스쳐가는 그 장면은 거리의 노숙인들을 통해 발견되는 파리 사람들의 멘털리티를 적절히 상징해 주었다.

지하철에서 연설하는 남자

불어가 한 문장에 두 단어 정도 들리던 초창기 파리 시절, 지하철을 탈 때마다 나는 매번 거지들에 압도당했다. 웬 멀쩡한 남자가 난데없이 지하철 한가운데 서서 연설을 하는 것이다. 그가 소위 '거지'라는 걸 아는 덴 긴 시간이 걸리지 않았다. 힘찬 연설이 끝나고 나면 돈을 받으러 다녔으니까. 그들은 당당했고 씩씩했고 뭔가 정말 일이라고 생각하는 걸 하는 중인 듯했다. 거지라는 직업을 가진 사람의 일 즉, 구걸을. 가장 놀라운 건 그들이 입을 열지 않는 한 그들이 거지인지 알 수 없다는 거다. "나의 이름은 아무개고, 나는 몇 살이며, 난 지금 얼마 동안 실업자 생활을 하고 있다. 당신들이 나 땜에 불편한지 알지만 좀 도와주면 오늘 밤에 호텔에 가서 샤워도 할 수 있고 식당에 가서 밥도 먹을 수가 있다. 돈이 없다면 레스토랑 티켓 같은 걸 줘도 되고, 지하철 표로 줘도 받겠다. 내가 실업 중에도 인간적인 삶을 살 수 있게 도와 달라" 대략 이런 레퍼토리. 대체로 예의 바르다. 돈이 없고, 잘 곳도 없고 일자리를 구하고 있으나 잘 안 되니 도와 달라. 크게 잘못된 건 없는 것 같은 분위기로 당당히 구걸한다.

골목길에 사는 집시 가족

파리에 집시들이 가족 단위로 들어오게 된 것은 2009년 무렵. 집에서 멀지 않은 길바닥(즉, 파리 한복판 바스티유 광장 옆)에 엄마, 아빠 아마도 삼촌, 그리고 서너 살 먹은 아이 둘로 구성된 집시 가족이 거리에 등장했다. 그들은 여행가방을 깔고 길에 하루 종일 앉아 있었다. 그들이 처음 거기에 앉아 있는 걸 보았을 때, 여행 온 사람들이 잠시 저기서 쉬고 있나 보다 생각했다. 그런데 그들은 그다음 날도, 그리고 그다음 달에도 거기에 있었다. 동네 사람들은 그들에게 물었다. 어디서 왔냐, 잠잘 수 있는 데를 알아봐 줄까? 그들은 불어를 거의 하지 못했다. 그리고 장난감, 옷, 학용품, 먹을 것들을 이 사람 저 사람이 그들에게 나눠 주었다. 그들을 볼 때마다 나의 머리를 때렸던 것은 그들의 무료함이었다. 마치 식물처럼 그들은 그 자리에 붙박이로 수개월을 앉아 있었다. 아이들은 멀리 가지 못하고 부모 곁을 맴돌며 그 무료함을 나누고 있었다.

그들을 볼 때마다 21세기의 인류는 어디에 도달한 건지 묻지 않을 수 없었다. 그러나 시간이 흐르면서 사람들은 그들이 머물고 있는 도시 풍경에 익숙해져 갔다. 마치 세상엔 야생의 인류가 존재하기도 한다는 것처럼. 문제는 그들이 최소한의 생존을 허락해 줄 자연 속에 있지 않다는 사실이었다.

곳곳의 구호단체에 연락하여 이들에게 머물 곳을 제공해 달라고 호소했지만, 누구도 선뜻 방법을 제시하지 않았다. 눈을 들어보니, 집시 가족들은 단지 우리 집 골목에만 있지 않았다. 약속이라도 한 듯이 수천 수만 명이 동시에 프랑스 땅에 왔다. 때는 사르코지 정권 아래였다. 기가 차게도 사르코지는 대선 후보 시절, 자신이 집권하면 거리에 단 한 사람의 노숙인도 없는 나라를 만들겠다고 했다. 그의 공언은 모두가 일자리를 갖고 몸을 누일 수 있는 보금자리를 갖는 것을 의미했겠지만, 그의 실천은 다른 방식으로 진행되었다. 어느 날 임신한 집시의 다리를 질질

끌고 가는 경찰의 모습이 뉴스에 등장했다. 그들은 집시들을 그렇게 추방했다. 집시에게 국적이란 게 무슨 의미가 있겠냐만, 그들은 루마니아를 비롯한 동유럽에서 온 사람들이었다. 즉, 엄연히 그들은 유럽 땅 어디든 자유롭게 발 디딜 권리를 가진 유럽공동체의 일원이었던 것이다.

그 전에도 물론 집시들은 존재했다. 그들은 서커스를 하기도 하고, 장에서 들꽃을 꺾어 팔기도 했으며, 길에서 연주를 하기도 했다. 언제나 발목까지 내려오는 알록달록한 긴 치마를 입고 있는 여자들, 유럽 사람의 얼굴이건만 구릿빛이 살짝 감도는 피부빛, 고단하고 슬픔이 어린 얼굴이지만 동시에 평화로운.

한 차례의 강제출국 작전이 여론의 거센 저항에 부딪혔고, 권력이 사회당으로 넘어간 뒤에도, 사회당의 악역을 자처한 마누엘 발스 당시 내무부 장관이 팔 걷어붙이고 한 차례 더 이 불법(!) 체류 집시들을 대거 출국시켰다. 놀랍게도, 집시들이 프랑스에 대규모로 유입된 꼴을 못 보고 적극적으로 강제출국에 나선 자들은 하나같이 이민자 출신이다. 사르코지는 헝가리 출신, 발스는 스페인 출신이다. 자신들은 합법적인 이민자였고 그들은 불법적인 체류자라는 것이다. 전형적인 사다리 넘어뜨리기 수법이다.

니체 vs 사르트르

지금 파리엔 실업자 생활이 길어져서 거리에 나앉은 사람들, 운 좋게 살아남은 집시들, 때론 집 나온 지 얼마 안 된 것 같은 젊은 노숙자들이 공존한다. 몇몇 지자체에선 집시들을 위한 컨테이너 집을 마련하여 이들을 수용하고, 아이들은 학교에 다니게 하고 있다. 일단 아이가 학교에 다니기 시작하면, 그 아이의 부모들은 프랑스 사회 일원으로 적응하며 살아가려는 의지가 있는 것으로 간주되고, 저소득층이 수혜할 수 있는 일정한 지원을 받는다. 집시의 타고난 성향대로 그들은 어디론가 또 무리지어 떠날지도 모르고, 일부는 집시의 정체성을 버리고 이 사회에 흡수되어 하층민 계층의 일원이 된다.

조지 오웰의 소설 『파리와 런던의 따라지 인생』엔 1920년대 노숙자들의 삶이 고스란히 묘사되어 있다. 경찰이란 직업을 때려치우고 작가가 되기로 결심한 조지 오웰이 파리에 와 경험한 밑바닥의 삶에 대한 기록이다. 국가가 지급하는 녹을 스스로 내던졌다는 면에서 그의 경험은 자발적인 것이긴 하지만, 당시 그는 끊임없이 뭔가 자신이 할 수 있는 일을 찾아서 하려고 노력했다. 영어 교습이라든가, 원고 기고라든가. 그러나 그가 파리에서 가장 오래 가질 수 있었던 그나마의 직업은 식당보조였고 대부분의 기간 그는 실업자였다. 노숙자 시설을 전전하는 삶은 결코 그가 두둑한 통장 잔고에도 불구하고 선택한 고행은 아니었다.

일들이 끊기고 하루 6프랑(1200원)으로 살아가야 했던 한 시절을 그는 이렇게 묘사한다.

"가난과 불가분의 관계인 권태라는 것도 느끼게 된다. 아무 할 일도 없는 데다 배불리 먹지도 못하는 시간에는 그 무엇에도 흥미가 일지 않는다. 보들레르의 시에 나오는 '젊은 해골' 같은 느낌으로 한 번 침대에 누우면 반나절이나 누워 있곤 한다. 오로지 음식만이 몸을 일으키게 한다. 일주일을 빵과 마가린으로 버틴 사람은 사람이 아니라 몇몇 곁다리 기관이 달린 밥통에 지나지 않음을 깨닫는다" 당시 파리에선 수천 명이 이런 삶을 살았다고 그는 적고 있다. 100년이 지난 지금의 파리 상황도 크게 다르지 않다.

파리에서의 고된 생활을 견디다 못한 조지 오웰이 런던으로 건너갔다. 그러나 약속했던 일자리는 눈앞에서 사라지고 다시 그는 거리의 부랑아로 한동안 지내야 했다. 그때 그는 비로소 깨달았다. 런던에서는 길바닥에 앉아 있는 부랑아가 있을 수 없다는 사실을. 그랬다가는 당장 끌려가 감옥에 던져지기 때문이었다. 구세군 숙소 앞에서 숙소 문이 열리길 기다리던 그는 감옥에 끌려가지 않기 위해 벤치도 없는 그 길에서 여덟 시간을 서 있어야 했다. 100년 뒤 런던의 현실도 그때와 크게 다르지 않다. 파리에 드글거리던 거지가 런던에 간 순간 자취를 감춘다. 거지가 너무 많은 거리는 사회안전망이 붕괴된 사회를 의미하지만 거지가 하나도 없는 거리, 더러움이 전혀 없는 거리 또한 실은 그것들을 감추기 위해 무자비한 힘을 휘두른 결과물이다.

니체는 '구걸은, 주는 자도, 받는 자도 친구로 대할 수 없게 만드는 나쁜 행위'라 규정한 바 있다. 거지는 스스로를 불쌍하게 만듦으로써 뭔가를 받고자 하는 자이기 때문이란 거다. 반면 실존주의 철학자 사르트르는 부의 재분배라는 차원에서, 그에게 구걸하는 모든 걸인에게 주머니를 털어주었다. 거지들을 마주할 때면 언제나 내 안에서 니체와 사르트르가 싸우는 걸 느낀다. 대부분은 사르트르가 승리한다. 그들에게 내 동전 몇 닢을 털어주는 것이 교회에 가서 헌금하는 것보단 훨씬 의미 있는 일이란 생각이 최종적으로 나로 하여금 그들에게 돈을 건네게 한다.

1유로가 모자라 카드를 꺼내야 할 때마다 2~3초 후회에 휩싸이지만, 삶은 다시 같은 동작을 반복한다.

라 까흐투슈리 *La Cartoucherie*

뱅센 숲 깊고 깊은 곳에 '라 까흐투슈리(직역하자면 탄약제조소)'라 불리는 작은 동네가 있다. 코가 시큰거리는 탄약냄새와 쇳소리가 연상될 법한 지명이지만, 이제 사람들은 '라 까흐투슈리'에서 완전히 다른 이미지를 떠올린다. 흥미진진한 이야기들이 꿈틀거리는 신비로운 숲속 마을의 이미지를. 수세기 동안 탄환을 제조하는 데 쓰이던 이 장소가 역사의 뒤안길로 사라지게 된 건 1960년대 말이다. 2차 대전 때 나치의 폭격을 맞으며 반쯤은 이미 버려져 있던 이곳은 60년대 들어서 프랑스가 독립을 원하는 알제리를 상대로 전쟁을 벌이면서, 프랑스에 남아 있던 알제리인들의 신원을 확인하고 수용하는 군사시설로서의 마지막 임무를 다했다. 알제리의 독립으로 프랑스가 20세기에 벌인 마지막 전쟁이 끝나면서 군대는 완전히 이곳에서 철수하게 된다. 여전히 많은 군사시설들을 그곳에 버려둔 채.

막 연극학교의 문턱을 나와 주변 동료들과 태양극단을 만든 서른 살의 아리안느 무느슈킨은, 전통적인 부르주아들의 공연장이 아닌, 완전히 실험적이고 대중적인 공간에서 그녀의 새로운 연극 세계의 닻을 올리고 싶었다. 숲 한가운데 버려진 이 군사시설은 그녀가 보기에 자신의 꿈을 이룰 수 있는 완벽한 공간처럼 보였다. 전기도, 수도도, 당연히 전화도 없으며 천정엔 수없이 구멍이 뚫리고, 유리창은 있는 대로 깨어진 그 공간에 아리안느 무느슈킨과 배우들은 직접 맨손으로 공사를 진행했다. 그리하여 1970년 12월, 그들은 바로 그 자리에서 첫 공연 〈1789 혁명〉을 무대 위에 올렸다. 결과는 폭발적인 성공! 그들은 시작과 함께 전설이 되었고, 그들은 지금도 숲속에서 세상을 놀라게 할 음모를 꾸미고 있다.

무느슈킨과 그의 동지들이 그들의 터전을 이룬 극장의 이름은 '태양극장'. 연극계를 기웃거렸던 사람이라면 한 번쯤 들어보았을 전설적 이름이다. 그들이 다다른 예술적 고지, 세상에 커다란 질문을 던지는 그들의 대담한 방식, 사회적 투쟁이 거리에서 펼쳐질 때마다 거침없이 깃발을 들고 시위대 맨 앞에 서는 참여적 성향, 이 모두는 태양극장이라는 전설을 구축하는 것들이다. 그들은 거기서 연극공동체를 구축했다. 모든 사람이 같은 급여를 받는 것. 분장실의 칸막이를 없애고, 배우들이 분장하는 모습을 관객들이 볼 수 있게 한 것, 배우들이 처음부터 배역을 받는 게 아니라 연습기간 내내 모두가 서로의 배역을 두루 해보고 마지막에 자기 역할을 받게 되는 전통까지, 그들의 형식에서의 실험은 무대에서뿐만 아니라 무대 바깥에서도 철두철미하게 이뤄졌다.

지하철 1호선 동쪽 끝 종점 뱅센 성에 내려 112번 버스를 타고 15분 정도 가면, 라 까흐투슈리La Cartoucherie라는 정류장 이름이 나온다. 거기엔 태양극장뿐 아니라 그들을 따라 차례로 들어선 4개의 또 다른 극장들이 함께 있다. 태풍극장Théâtre de la Tempête, 목검극장Théâtre de l'Epée de Bois, 수족관극장Théâtre de l'Aquarium 미국 출신의 세계적인 무용가 카롤린 칼스Carolyn Carlson의 작업실도 1999년부터 이곳에 둥지를 틀었다. 공연이 있는 날이면 셔틀버스가 운행된다. 운 좋게 셔틀버스를 탈 수 있다면 10분 만에 도착할 수 있다. 일 년 내내 태양극단이 직접 만들어 올리는 공연을 볼 수 있는 건 아니다. 그들은 2~3년에 한 번을 주기로 신작을 만들고, 초연을 바로 그들의 둥지인 태양극장에서 올린다. 그리곤 해외 순회공연을 다닌다. 나머지 시간, 극장은 그들이 세계 각국에서 불러들인 공연들로 채워진다. 1999년 초연된 〈제방의 북소리Tambour sur la Digue〉는 2001년 한국에서도 공연된 바 있기에 우리나라에 가장 잘 알려진 작품이다. 한국의 전통의상과 음악, 특히 사물놀이가 작업에 접목되어 있어서, 더욱 국내 관객들의 주목을 받았던 바 있다. 이 작업을 위해 태양극단은 수개월간 김덕수 사물놀이패의 단원이 와서 태양극단에서 생활하며 직접 사물놀이를 전수시켰다. 연습기간 중 단원들은 단순히 기술적으로 사물놀이를 익히는 것에서 그치지 않고, 매끼 한국 음식을 해

당신에게, 파리

먹고 한국 남대문 시장에서 사들인 옷을 입고 한국음악을 들으며 문화적인 샤워를 일상적으로 실천했다. 일부 단원들은 한국에 와서 직접 생활을 체험하기도 했다. 그렇게 일 년 가까이 온몸으로 이식된 공연양식은 그들의 공연 속에서 완전히 농축되어 드러나고, 1천 번이 넘게 수정된 대본, 땀과 흥으로 배어든 무대를 관람하는 관객들은 작품을 머리끝부터 발끝까지 관통하는 카타르시스를 피해갈 수 없다.

2000년 초, 처음으로 태양극장에서 그들의 공연을 관람했다. 지하철을 타고 다시 버스를 기다려 타고 인적이 드문 길을 따라 들어가야 만날 수 있는 공연장은 터질 듯한 열기와 흥분으로 가득했다. 마리오네트를 연기하는 배우들의 몸은, 그 어떤 실수도 상상할 수 없는 신기에 가까운 기술적 완성도에 도달해 있었다. 사물놀이를 연주하는 장면에 이르러서는 폭풍 속에 휘말려 날아가는 듯한 아찔한 쾌감 속으로 관객들을 몰아넣었다. 그리고 40분에 이르는 중간 휴식시간. 배우들은 마을 잔치에 이리저리 뛰어다니는 아이들처럼 관객들에게 직접 아시아 음식을 나른다. 이 배우들이 땀을 뻘뻘 흘리며 음식을 퍼주는 이 희한한 순간 또한, 태양극단이 추구하는 연극 미학의 연장선 속에 있다. 그들은 연극을 관람하는 시간이 관객들에게 심심풀이 기분전환의 시간이 아니라, 실제 생활의 연장선 속에서 작품을 접하고, 작품의 이면에서도 계속되는 긴장 상태를 관객에게 느끼게 하고자 한다.

그들의 고집스런 도전은 46년째 멈추지 않는다. 한국, 일본, 그리스, 아프가니스탄, 인도…. 그들은 이동하고, 만나고, 이식하고, 이식되며, 인류보편의 문제를 무대 위로 끌어들이고, 지구촌 구석구석에서 만들어진 연극 메서드를 습득하고 발효시켜 표현해 낸다.

탄환이 빚어낼 수밖에 없는 야만의 시간을 상상력과 평화와 축제로 탈바꿈시킨 인간의 의지. 그 멋진 결과물을 우린 까흐투슈리에서 만날 수 있다.

생 딴 거리 *Rue Sainte-Anne*

파리에도 강북이 있고 강남이 있다. 다만 여기선 센 강을 중심으로 우안(리브 고셰Rive Gauche), 좌안(리브 드로이트Rive droite)이라는 표현을 쓴다. 서울에서처럼 강남과 강북 사이의 계급적 격차를 말할 수 있는가? 그렇다기보단, 여기선 서쪽과 동쪽의 차이가 더 뚜렷한 편이다. 투표 때 보면 답은 분명해진다. 파리의 동북 지역과 동, 북 외곽 지역은 좌파를, 파리의 남서쪽과 남, 서쪽으로 뻗어 있는 외곽 도시들은 우파를 찍는다. 그러나 결과적으로 파리는 간신히 51:49 정도의 비율로 좌파가 10여 년째 승리를 거두어 왔다. 변화를 거부하는 배부른 부르주아들은 주로 남서쪽에, 서민들과 비판적 부르주아들은 주로 동북쪽에 산다. 달동네 사람들의 계급 배반? 없다고 할 수 없다. 그러나 그 양상은 우리완 사뭇 다

르다. 그들은 우파를 찍진 않는다. 그러나 극우파의 선동에는 쉽게 휩쓸린다. 좌와 우가 모두 그들을 배신할 때, 가장 직설적 언어로 그들을 공격하는 사람들이 극우파이기 때문이다. 결선 투표제라는 환상적 제도가 극우파의 득세를 잠재우지 않았다면, 지금의 프랑스는 확실히 더 참혹한 세상이었을 것이다.

한국 교민들은 센 강 좌안인 15구에 많이들 모여 산다. 조용하면서도 활기 있고, 평온한 주택지구다. 한국 들어간다고 가전제품이니, 가구니 싸게 내놓는다는 광고를 보고 찾아간 곳은 죄다 15층 고층 아파트였다. 파리 우안에선 결코 구경할 수 없는 것이 바로 그것이기도 하다.

파리에서 내가 가졌던 다섯 군데의 주소지 가운데 공교롭게도 좌안은 한 번도 없었다. 그런 나에게 생 딴 거리는 변하지 않는 사막의 오아시스! 나뿐 아니라 파리 우안에 살고 있는 많은 한국인들에게 생 딴 거리는 같은 의미이지 않을까 싶다. 생 딴 거리는 파리의 오페라 지구 안에 있는 길로 일본, 한국음식점, 식품점이 밀집되어 있는 곳이다. 일단 한국 슈퍼마켓이 두 개가 있고, 주변 한국 식당도 줄잡아 10여 개에 이른다. 그리고 한국제과점들에서만 볼 수 있던 소보루빵이니 스폰지 케이크 같은 것을 만날 수 있는 인기 절정의 일본제과점 아키불랑제 Aki Boulanger, 짜장면과 짬뽕을 맛볼 수 있는 한국식 중국집, 줄 서지 않으면 못 먹는 우동집, 카레집, 도시락집, 삼겹살이나 목살, 갈비 같은 부위를 먹기 좋게 잘라서 파는 한국인 전용 정육점까지…. 그 길에 들어서면 갑자기 처지가 바뀌는 기분이 든다. 외국인 처지에서 반 정도 내국인이 되는 기분! 요즘엔 한국 슈퍼마켓에 한국인보다 프랑스인들이 더 많이 보이는데, 그들에게 적절한 식품을 사도록 조언해 주는 건 우리의 역할이다. 진간장과 국간장 사이에서 고민하는 프랑스 남자. 신라면과 삼양라면 사이에서 갈등하는 프랑스 소녀에게 우린 한없이 친절하게 우리의 깨알 같은 고급 지식(!!)을 베풀어 줄 수 있다. 이 생 딴 거리에서 한 가지 정말로 아쉬운 점이 있다면 한국 서점이 없다는 것. 사람들 바글바글한 일본 서점은 성업 중인데, 이 거리에서 보는 한국문화는 오직 먹거리뿐이다. 그래서 돈을 좀 모으면 하고 싶은 게 이 동네에 한국 북 카페를 하나 여는 거다. 거기서 헌책도 팔고 새 책도 팔고, 김밥이랑 샌드위치 같이 간단한 먹거리도 팔며, 프랑스 내의 지한파들을 끊임없이 모여들게 하는 그런 곳!

info

- 에이스마트

주소 63, Rue Sainte-Anne 75002 Paris

- 케이마트

주소 6-8, Rue Sainte-Anne 75002 Paris

- 아키블랑제

주소 16, Rue Sainte-Anne 75002 Paris

찾아가는 법 지하철 3호선 까트르 셉떵브르Quatre-Septembre역

69번 버스

바스티유에서 살던 시절, 69는 나에게 또 하나 행운의 번호였다. 69번 버스는 내가 가고 싶어 하는 거의 모든 곳에 기꺼이 나를 데려다 주었다. 바스티유 광장의 등대 카페(카페 데 파르Café des phares) 앞에 있는 버스정류장에서 69번을 타보자. 버스는 바스티유 광장을 벗어나자마자 우회전을 하며 생 앙투안 가Rue Sainte-Antoine로 들어선다. 오른편에 오페라 마술피리를 쓴 극작가 보마르셰의 멋진 동상을 스쳐지나가, 보쥬 광장으로 이어지는 아름다운 거리 비라그 가Rue de Birague가 스쳐가고 붉은 대문이 있는 생 루이 성당이 왼쪽 시야에 들어오면, 거기가 마레의 심장부 생 폴역이다. 생 폴역에 내려서 길 오른쪽으로 가면, 마레의 한복판에 떨어지고 왼쪽으로 가면 생 폴 빌리지가 나온다.

파리 시청

다음 정거장은 파리 시청. 화려한 조각들로 빼곡히 장식된 장엄한 파리 시청 건물 Hôtel de Ville은 백화점 BHV와 마주 보고 있다. 1357년에 지어진 시청 건물은 600년이 넘는 동안 증축과 개축을 거듭해 가며 오늘의 네오르네상스 양식의 건물에 이른다. 겨울이면 시청 앞에 스케이트장이 만들어지고, 날 좋은 봄가을에는 이러저러한 야외전시들이 펼쳐지기도 한다. 게이 프라이드가 펼쳐지는 날에는 무지갯빛 휘장이 청사 양편에 걸리기도!

시청 뒤편에는 일 년 내내 흥미로운 전시가 무료로 진행된다. 파리 시를 봉기한 시민세력들이 두 달간 점령하고 민중정치의 대범한 시도들을 이어갔던 짧은 유토피아 〈파리 코뮌〉, 프랑스 역사상 가장 급진적인 좌파 정권이었던 1930년대의 〈인민전선 Front Populaire 정부〉처럼 역사 속의 한 시절을 조명하는 전시가 열리기도 하고, 프랑스가 사랑하는 국민 가수 〈이브 몽땅〉, 프랑스의 국민 시인이라 꼽을 수 있는 〈자크 프레베르〉 같이 한 인물을 테마로 하는 전시가 열리기도 한다. 모두 무료입장이고 전시내용도 대체로 풍성하고 짜임새 있다. 시청 뒤편에는 언제나 전시에 들어가려는 사람들의 줄이 길게 늘어서 있는데, 시간만 넉넉하다면 기꺼이 관람해 볼 만한 가치가 있다.

당신에게, 파리

로베르네 집

　　시청이 시야에서 사라질 무렵, 파리의 가장 번잡한 쇼핑가인 리볼리 가Rue de Rivoli로 진입한다. 중저가의 의류매장들이 밀집해 있는 리볼리 가의 59번지에 이르면 보지 않으래야 않을 수 없는 건물이 시선을 강타한다. 일 년 내내 건물 외벽에 눈에 번쩍 띄는 설치 작업이 되어 있는 그 건물의 이름은 로베르네 집Chez Robert. 그곳에선 언제나 "지금 여기 아주 신나는 일들이 벌어지고 있어요!" 라고 말하는 듯한 그러나 동시에 세상을 향해 SOS를 치고 있는 것만 같은 긴박함이 풍겨져 나왔다.

　　1999년 버려져 있던 이 건물을 예술가들이 점거한 것이 모든 스토리의 시작이었다. 작업장으로 활용하기 위해 몇몇 예술가들이 시작한 한시적 점거였으나 결국 파리 시청과의 오랜 줄다리기 끝에 점거는 합법적인 거주가 되었고, 일군의 겁 없는 예술가집단은 협회Association로 안착해갔다.

　　2001년 좌파의 승리로 끝난 파리 시장선거는 퇴거의 운명에 놓여 있던 예술가들이 합법적으로 이 자리에 머물 수 있는 방법을 찾을 것을 약속한다. 이후 파리 시는 이 건물을 사들였고, 그곳이 예술가들이 합법적으로 작업하며 전시할 수 있는 독특한 현대미술센터가 되도록 했다. 그리하여 예술가들의 점거 프로젝트 역사에 위대한 승리로 기록된 바로 그 기념비적인 건물 '로베르네 집Chez Robert'이 탄생한 것이다.

　　온갖 상업적인 간판들이 밀집되어 흡사 명동거리를 방불케 하는 번잡한 그 거리에서 로베르네 집은 사막 속의 오아시스처럼 "예술가들이 여기 살아 있다!"는 신호를 보내며, 그 존재를 드러낸다. 한국, 일본, 이탈리아, 프랑스, 미국 등 전 세계에서 온 30명의 예술가들이 그 속에서 각자의 공간을 점유한 채 작업 중이며, 1층에 본격적인 전시장을 갖추고 있기도 하다.

화요일부터 일요일까지 오후 1시부터 8시, 누구든 그곳에 가서 작업하는 예술가들의 어깨너머로 그들이 작업을 완성해 가는 과정을 지켜볼 수 있다. 마치 연습장이 열려 있는 극단처럼. 그곳의 예술가들에겐 무수히 오고가는 관객들에게 반갑게 인사 나누며, 작업을 보여주거나 설명하기도 하며, 때론 작품을 직접 팔기도 하는 일이 자연스럽다. 몽마르트르 언덕에 가면 하루 종일 거리에서 그림을 그리며, 그 자리에서 그림을 파는 화가들이 있는 것과 비슷하달까. 물론 이들의 작업장엔 지붕도 벽도 있다는 점에서 한결 안락한 조건이긴 하지만 말이다.

동시대 현대 예술가들이 작업하는 현장을 볼 수 있다는 매력 때문에 매년 수십만 명의 관람객들이 찾아들며 지금은 파리의 현대미술공간 가운데 세 번째로 많은 관객들이 들르는 공간으로 꼽힌다. 매주 토요일과 일요일 저녁 6시에는 무료 콘서트가 열리기도 한다.

루브르 안마당을 통과하는 버스

리볼리 가의 소란스러움이 갑자기 사라진다 싶을 때, 저 멀리 눈에 들어오는 육중한 건물은 바로 루브르 박물관. 난 주로 거기서 버스를 내려, 코미디 프랑세즈 앞을 지나 한국 슈퍼마켓이 있는 생 딴 거리Rue Sainte-Anne로 향하곤 했지만, 69번을 타고 파리를 여행 중이라면, 결단코 여기서 내리지 말아야 한다. 바로 이다음이 69번 버스로 하는 여행의 하이라이트이기 때문이다. 버스는 루브르 박물관 앞에서 한 번 정차하고, 좌회전하여 루브르 박물관 안마당으로 돌진한다. 상상해 보라. 경복궁 안마당이나 버킹엄 궁 안뜰로 시내버스가 돌진하는 상황을. 그리 넓지도 않은 루브르 박물관의 대문으로 쏙 몸을 집어넣는 버스에 앉아 버스의 무례함(!)에 소심하게 동조하며 안마당으로 들어갈 때면, 나도 모르게 의기양양해진다. 왕은 왕비와 함께 일찍감치 단두대에서 사라졌다. 그 사실을 머리로는 알건만, 왕실 가족이 거하던 궁전에서 왕가가 모아온 컬렉션 보관소로, 다시 박물관으로 변신해온 이 공간 한가운데를 시내버스가 굴러갈 때처럼 프랑스 혁명이 가져다준 변화를 피부로 느끼게 해주는 순간은 없다.

그러나 루브르 박물관 마당 한가운데 버티고 서 있는 유리 피라미드를 보노라면, 언제나 한 술 더 뜨는 대범한 인간들이 역사에 있어 왔음을 실감하지 않을 수 없다. 세상의 모든 비난을 기꺼이 감수해 가며, 마침내 마당 가운데 구멍을 뚫어 유리 피라미드를 짓게 한 미테랑 같은 인물이. 혹자는 피라미드에 대한 그의 의지가 이집트의 파라오들이 꿈꾼 불멸의 권력에 대한 의지였다고 해석한다. 두 번에 걸쳐 대통령직을 수행한 그는 권력에서 내려온 이듬해에 세상을 떠난다. 권력이 손에서 빠져나간 삶에는 그닥 미련이 없는 사람처럼.

　　루브르 박물관의 마당을 빠져나온 버스는 센 강을 건넌다. 해질 무렵에 다리 위를 건널 수 있다면, 그건 대단한 행운이다. 지는 해는 센 강 위에 숨이 턱 막히는 절경을 만들어내곤 하기 때문이다. 센 강을 건넌 버스가 강변을 끼고 달리다 보면 루브르 못지않은 엄청난 건물이 등장하는데, 그것은 기차역을 변형하여 만들었다는 오르세 미술관이다. 오르세가 가장 알차게 명화들을 감상할 수 있는 곳으로 소문난 것은 인상파 화가들의 슈퍼스타들이 포진해 있는 곳이기 때문이다. 성화나 거대한 역사적 서사를 다룬 작품들을 벗어나 평범한 인간 군상들의 다양한 표정을 저마다의 기법으로 담아낸 인상파 이후의 화가들을 향해 가장 열광적인 공감을 보내는 것은 단지 슈퍼스타들의 작품을 마주대하고 싶은 소박한 팬심이 빚은 팬덤만은 아닐 것이다. 그들의 작업은 율법과 권위에 갇혀 있던 세상이 비로소 각자의 가슴에 자유를 품고 세상 밖으로 튕겨져 나온 것과 같았다. 귀스타브 플로베르의 『보바리 부인』이 문학에서 감행한 실험이 비슷한 시대를 살았던 인상파 화가들에 의해 행해졌던 셈이다.

　　오르세 미술관에 사람들을 내려준 후 버스가 향하는 곳은 솔페리노 가다. 솔페리노 가Rue de Solférino에는 프랑스의 현 집권당인 사회당사가 있다. 1980년, 파리의 가장 부유한 동네 중 하나인 이곳의 건물을 사들여 줄곧 이 거리에 당사를 두어왔던 탓에 솔페리노는 유들유들 윤기 흐르는, 이젠 이름만 사회주의자들인, 변질된 사회당을 가리키는 또 다른 명칭이기도 하다. 이 번들거리는 부촌을 버스가 달리는 동안, 거리의 쇼윈도는 리볼리 가의 중저가 매장에서는 찾아볼 수 없는 럭셔리 매장들로 탈바꿈되어 있음을 발견한다. 거대한 간판의 아우성을 찾아볼 수 없는 한가롭고 느긋한 매장들. 버스는 어느덧 다른 세상으로 진입해 있음을 알려준다. 생 제르망 대로를 지나 다시 버스는 그르넬 가에 이른다. 총리관저와 농림수산부, 교육부 그리고 한국대사관까지 있는 바로 그 길. 관공서나 대사관 등이 포진해 있는 길이니, 별 재미는 없다. 가끔 대사관에 가야 하는 실용적 필요가 아니라면 군이 일부러 찾을 일은 없을 것 같은 밋밋한 그 길을 벗어나면 왼편에 탁 트인 정원이 나온다. 앵발리드Invalides다. 건물 앞 정원에 인공적으로 나무를 다듬어놓은 모습이 인상적이다. 마치 병정들이 똑같은 모양의 방패를 들고 사열을 위해 서 있는 모습 같다. 가까이 다가가 보면, 그 초록색 병정들 사이로 수십 마리 토끼들이 뛰어다닌다. 지명이 명시하는 그대로 처음엔 부상당한 군인들을 위한 병원으로 쓰였다. 그러나 지금은 군사 박물관으로 쓰이며, 군인에서 황제로, 그리고 마지막엔 수인으로 파란만장한 삶을 보냈던 나폴레옹도 이곳에 안치되어 있다.

앵발리드를 지나 직진하다 보면 버스는 어느새 에펠탑 발치에 와 있다. 69번 버스의 종점이다. 에펠탑을 한 바퀴 돌고 다시 69번을 타고

파리를 거슬러 올라가는 것도 바보짓이 결코 아니다. 일방통행로가 많이 있는 파리의 도로 사정으로, 69번 버스 또한 올 때 갈 때 가는 길이 다르기 때문이다. 또 다른 종점은 페르 라셰즈 공동묘지의 후문이 있는 감베타역이다.

info

- **로베르네 집** Chez Robert
주소 59, Rue de Rivoli 75001 Paris
찾아가는 법 지하철 1, 7, 11, 14 호선 샤틀레Châtelet역

- **앵발리드** Les Invalides
주소 129, Rue de Grenelle
찾아가는 법 지하철 8호선 앵발리드Les Invalides역, 13호선 바렌Varennes역

갤러리 비비안 *Galerie Vivienne*

파리엔 언제나 이 도시를 찬미하고, 파리의 가장 아름다운 장소에 가서 고운 모습만 바라보다가 아쉬움을 안고 떠나는 관광객들이 있다. 이 도시의 찝찔하고 눅눅한 모습들까지 속속들이 보며 여기서 일상을 보내며 살아가는 사람들이 아는 파리와 그들이 보는 파리는 다를 수밖에 없다. 처음 호감가는 사람을 만났을 때, 더구나 그 만남이 시간의 한정성이란 운명을 동반하고 있다면, 우린 오로지 그 사람의 좋은 모습만을 아쉬움이란 보자기에 담아 간직할 수밖에 없다. 특정한 시간으로 분절되지 않은 일상에 무한대로 노출되어 있을 때, 사람에 대해서도, 장소에 대해서도 애틋함은 설 자리를 잃는다.

하여, 내가 익숙하게 아는 장소를 감탄어린 시선으로 바라보며

흐뭇해하는 관광객을 마주칠 때면, 난 다시 한 번 그들의 눈으로 내 일상의 공간을 바라보게 된다. 익숙해져서 더 이상 난 볼 수 없게 된 거기에서 저 사람은 무엇을 보고 있는 건지. 그들을 통해 첫 만남의 풋풋한 시선을 회복할 수 있길 기대하며 말이다. 만남이 거듭되면 우린 비로소 맨들거리던 겉포장을 뚫고 속살로 들어간다. 습기가 스미고 손때가 타고 얼룩이 남으면서, 그곳은 더 이상 내가 처음 보았던 그곳의 이미지를 간직할 수가 없다. 낯선 시선을 회복할 수 있을 때에만 가능한 일인 것이다.

그런데 간혹은 침투해 들어가 내 일상의 공간으로 만들어지길 거부하는 곳들도 있다. 갤러리 비비안Galerie Vivienne이 내겐 그런 곳이다. 적어도 열 번은 더 그곳에 갔고, 백 번은 더 그 앞을 스쳐 갔지만, 갤러리 비비안은 여전히 1830년대를 배경으로 한 영화의 세트장처럼 낯설고, 여전히 조심스럽게 관찰하도록 만든다. 유리 천정으로 들어오는 은은한 자연광 아래서, 머리에 깃털이 달린 모자를 쓰고 산호색 드레스를 입은 여인이 신사의 팔짱을 끼고 걸을 것만 같은 그곳.

고서적을 파는 서점, 장 폴 고티에 매장, 와인 숍, 화랑, 미용실, 머플러 가게…. 30개나 되는 가게들이 그 안에 있고, 그 가게 속엔 그럴 듯한 물건들과 주인들이 있다. 남들처럼 21세기를 열심히 살아가고 있으나 어딘지 그들의 삶은 갤러리 비비안이 만들어졌던 1828년 이후 그다지 큰 변화를 겪지 않고, 더디게 흘러가는 듯 보인다. 17년 전부터 지금까지 드문드문 이곳에 발을 디딜 때마다, 난 매번 확인하게 된다. 갤러리 비비안은 19세기 초반의 아우라를 여전히 간직하고 있다는 사실을.

여기서 갤러리라 함은 천정이 유리로 막혀 있는 상가건물을 말한다. 파리에는 이런 종류의 상가들이 서너 군데 있지만, 그중 1826년에 만들어진 갤러리 비비안은 가장 우아하고 매혹적인 갤러리로 꼽힌다. 빅토리아 광장과 리슐리외 국립도서관 사이. 루아얄 궁 바로 뒤편이라고 하는 독보적 위치는, 갤러리 비비안에 깃들여 있는 압도적인 분위기를 구성하는 첫 번째 요소다. 바닥을 정교하게 장식하고 있는 타일로 만들어진 모자이크, 고풍스러움과 화사함을 간직한 조명은 그다음 요소일 터이다. 시장의 첫 번째 성공조건으로 꼽히는 유동인구, 왁자지껄함과는 다소 거리가 있다. 처음 이곳이 문을 열었을 때엔 샹젤리제 못지않은 열광적인 상업적 성공의 기억도 가지고 있으나, 세월은 북적거림을 떠나보내고 우아함을 남겼다.

info
주소 4, Rue des Petits-Champs 75002
찾아가는 법 지하철 7, 14호선 피라미드Pyramides역, 지하철 3호선 쌍티에Sentier역

6. 파리지앵의 소소한 귀띔

petits chuchotements d'une parisienne

소매치기

난감하게도, 파리 오자마자 소매치기를 당한 지인들이 한둘이 아니다. 햇수로 이 도시에서 12년을 살아온 나나 50년 넘게 살아온 아이 아빠나 대부분의 주변 사람들도 한 번 겪지 않은 일을, 단 며칠 머물다가는 여행자들은 그토록 빈번히 당하고 만다. 대체 무슨 조화일까. 아마도, 관광객들은 사고를 당해도 신고를 할 가능성이 낮고, 상대적으로 현금을 많이 지니고 있을 가능성이 커서 더 자주 타깃이 되는 걸 꺼라 짐작해 본다.

관광객들이 가장 많은 1호선을 늘 타고 다니는데, 지하철에서 5개 국어로 "소매치기가 많으니 조심하라"고 안내를 하고 있는 걸 봐도, 활약하는 소매치기가 많은 건 명백한 사실인 것 같다. 이 대목에선 딱 한 가지 팁밖에 전할 것이 없다. 가방끈이 목에서 골반 쪽으로 사선이 되도록 비스듬히 멘다. 한쪽 손이 자연스럽게 가방 위로 오도록. 조심성 없기로 자타가 공인하는 나 같은 사람도 이렇게 가방을 메고 다니면, 절대로 소매치기의 희생양이 될 수 없다. 서울에서도 파리에서도, 그리고 또 다른 도시에서도 이런 식으로 손가방을 메고 다닌다. 한 번도 소매치기는 내 지갑을 가져간 적이 없으니 이 팁을 믿으셔도 좋다.

샹젤리제 뒷골목 산책

'세상이 다 아는 명소에 나도 기어이 가서 발도장을 찍을 것인가 말 것인가?' 이것은 여행자가 갖게 되는 숙명적인 망설임의 테마이다.

이를테면 샹젤리제. 이 전혀 신선하지 않은 뻔한 관광지에 굳이 나까지 가줘야 할까? 그 의문은 타당하다. 떡 벌어지게 넓은 도로와 보행자로를 제외하고, 파리에서 제일 아름다운 거리라는 찬사를 받는 이유를 찾아내기가 난망한 곳이 바로 샹젤리제다. 식상한 가게들만 죽 늘어서 있는 모양을 보노라면, 푸헐 한숨이 나온다. 크리스마스 무렵이라면, 휘황한 거리에 점수를 줄 수 있을까. 그러나 "속았다!"하면서 돌아서기보다, 한 발자국 내딛어 뒷골목으로 스며들면, 거기엔 탐험할 가치가 있는 8구만의 풍경이 있다.

개선문에서 시작하여 콩코드 광장에서 끝나는 샹젤리제는 8구의 이쪽 끝과 저쪽 끝을 정확히 가로지른다. 이 동네엔 대통령 집무실인 엘리제 궁과 내무부가 있고, 노르망디 해안으로 우리를 데려다 주는 생 라자르역과 화려한 대저택들로 둘러싸인 몽소 공원이 있다. 샹젤리제의 발치, 녹색 공간 속에 감춰져 있는 엘리제 궁은 1873년부터 대통령 집무실로 쓰였다. 그 전에는 루이 15세가 자신의 여친이자 당대 문화계의 실세였던 마담 퐁파두르에게 선물로 건넨 저택이었으며, 그녀가 죽은 후엔 나폴레옹 3세가 살았다. 이 동네가 오래전부터 절대 권력과 밀접한 관계를 맺고 있을 수밖에 없는 이유인 셈이다. 8구는 또한 갤러리가 밀집되어 있는 동네이기도 하다. 당대 예술품의 트렌드를 주도할 정도로 대단한 안목과 열정을 가진 예술품 수집가였고, 그녀에 대한 왕의 총애는 죽기 전까지 이어졌기에 엘리제 궁 주변에 밀집된 고급스런 화랑가는 마담 퐁파두르가 남긴 또 다른 흔적이 아닌가 추측해 본다.

뉴욕 뒷골목 같은 오피스 가의 활기와 거리에 즐비한 갤러리들이 흩어놓는 신선한 자극, 아시아 관광객들이 가방을 사기 위해 길게 줄 서 있는 명품 숍들, 당대의 사건으로 기록되곤 하는 전시를 매년 선보이는 그랑 팔레Grand Palais 쁘띠 팔레Petit Palais, 부자들의 취향이 사회의 자산으로 환원된 박물관들, 몽소 공원의 상큼함이 뒤섞인 절묘한 맛은 8구만의 매력이다.

갤러리들의 천국

프랭클린 루즈벨트역(지하철 1, 9호선)에서 내려서 마티뇽 가 Avenue Matignon로 들어서 보자. 이 동네 사람들은 그림만 먹고 사는 듯, 한 집 건너 하나씩 갤러리다. 마티뇽 가와 마주 닿아 있는 포부르 생 토노레 가Rue du Faubourg Saint-Honoré로 꺾어져도 갤러리의 행진은 이어진다. 거기에 명품이라는 품목이 종종 끼어들기도 하고. 그러나 이 고급스런 상점들의 거리 포부르 생 토노레 가에서 라 보에씨 가Rue La Boétie로 발길을 돌리면, 분위기는 조금 달라진다. 일단 사람들의 발걸음이 더 빨라지고, 옷차림이나 표정에도 긴장감과 스피드가 한 뼘 더 서려 있다. 방금 전까지가 돈 쓰기 위해 어슬렁거리는 분위기였다면, 여긴 돈 벌기 위해 날렵하게 움직이는 사람들이 더 자주 눈에 띈다. 변호사, 건축가, 은행 등 사무실들이 밀집해 있는 바빼 돌아가는 길이기 때문이다. 라 보에씨 가의 23번지에는 예술계의 꿀벌, 피카소가 1918년부터 아틀리에로 썼던 아파트가 있다. 그리고 이 아파트의 정면에는 2017년 말부터 문을 열게 될 한국의 문화관광센터가 20번지에 자리 잡고 있기도 하다. 복종의 본능에서 벗어나지 못하는 인간들을 깨우치는 격문 『자발적 복종La Servitude Volontaire』을 세상에 던졌던 라 보에씨La Boétie, 그의 이름을 딴 거리에 40년 숙원사업이던 한국 문화관광센터가 둥지를 틀게 되었다는 사실! 옳거니! 자리를 제대로 잡았다 싶다.

라 보에씨 La Boétie

에티엔 드 라보에씨는 16세기를 살다가 젊은 나이에 요절한 사상가다. 그가 18세의 나이에 적어 내려간 격문 『자발적 복종』에서, 그는 왜 수많은 사람들이 저 하찮은 독재자 하나에 맞서지 못하고 복종하는지에 의문을 품으며, 인간의 내면에 자발적 복종이 정착하게 되는 메커니즘을 파헤쳤다. "독재자가 커 보이는 것은 우리가 그의 무릎 아래 있기 때문이다. 우리가 일어선다면, 그는 더 이상 우리 위에 있지 않을 것이다" 라는 강렬한 메시지를 던진 그의 책은 프랑스 혁명에 영향을 끼쳤고(혁명의 주역들은 연설에서 종종 그의 문장들을 인용하곤 했다), 5세기 동안 프랑스인의 양심에 깊숙이 박혀 있다. 복종하는 당신이 우매한 독재 권력을 키운다는 진실을 아이들은 학교에서 배운다. 라 보에씨 가는 이 나라 권력의 중심인 엘리제 궁을 500미터 반경에서 둘러싸고 있다. 1879년 이 길에 라 보에씨의 이름을 붙인 것은 최고 권력자가 자신의 힘을 남용하려 할 때, 언제든 사람들은 일어설 수 있음을 환기시키려는 장치였는지도 모른다.

재미있는 사실은 라 보에씨의 절친이었던 몽테뉴의 이름을 딴 몽테뉴 가가 라 보에씨 가와 샹젤리제를 사이에 두고 거의 맞닿아 있다는 사실이다. 32살에 요절한 라 보에씨에게는 자신의 모든 저작에 대한 권리를 맡길 만큼 신뢰하고 사랑하는 친구 몽테뉴가 있었다. 두 사람의 우정에 관한 이야기는 책이나 연극 등을 통해 지금도 회자될 만큼 절절한 것이었다. 단단한 우정으로 얽힌 두 사람을 죽은 후에도 이어가게 하려는 후세 사람들의 배려. 길을 걸으며 다시 생각한다.

　라 보에씨 가를 걷다가 직각으로 난 미롱 에릭 가Avenue Myron-Herrick로 방향을 틀어보자. 거기서부터는 완만한 오르막길이다. 바쁘게 돌아가던 오피스 가의 리듬은 한층 차분해진 주택가의 리듬으로 바뀌기 시작한다. 오르막길을 걷기 전에 잠시 쉬어가고 싶다면, 바로 거기에 눈에 띄는 한 카페를 발견할 수 있을 것이다. 카페&레스토랑 오르텐스 Hortense. 나폴레옹의 부인이었던 조세핀의 딸 오르텐스의 이름을 딴 이 카페는 꾸르셀 가 25번지에서 왼편으로 나 있는 보행자 전용 길, 폴 세잔 가Rue Paul-Cezanne에 자리 잡고 있다. 기존의 프랑스 전통요리 레시피를 살짝 비틀어 자기만의 스타일을 만들어낸 요리도 훌륭하고 직원들은 친절하다. 유감스럽게도, 가격은 이 동네가 어디인지를 정확히 상기시켜 준다. 붉은 장식등이 총총히 별처럼 박혀 있는 모던한 실내장식과 테라스를 여유롭고 풍성하게 가꿔주는 나무들이 어울려 발랄하고 유쾌한 분위기를 풍기는 이 카페는 테라스에서 잠시 여유를 부리기에 안성맞춤이다. 한 가지, 기억해야 할 것은 이 대범한 카페는 주말엔 영업을 안 한다. 프랑스식 간 큰 자본주의^^.

　오르막길을 좀 더 올라가 보면, 꾸르셀 가Rue de Courcelles와 오스만 대로Boulevard Haussemann가 만나는 지점에 이국적인 상점이 하나 눈에 들어온다. "동양과 중국의 컴퍼니La Compagnie de l'Orient et de la Chine". 중국을 비롯하여, 아시아 각국에서 들여온 수공예 가구, 장신구, 옷, 도자기 등을 판매하는 곳으로 50년 역사를 가지고 있는 이 상점은 대륙의 과

당신에게, 파리

감한 카리스마와 품격이 느껴지는 수공예 제품들을 주로 판매하고 있다. 우리가 일찍이 알지 못했던 '메이드 인 차이나'의 놀라운 이면을 발견하게 해준다. 점심시간엔 퓨전 중국요리를 식사로 내놓기도 하고, 그 외의 시간엔 차를 팔기도 한다. 중국과 파리가 만나서 빚어낸 매력적인 공간이다.

메종 루 Maison Loo

다시 꾸르셀 가로 돌아와 남은 몇 발자국의 오르막길을 걸어보자. 꾸르셀 가와 렘브란트 가가 만나는 지점에 '대체 저게 뭔가!' 싶은 놀라운 건물이 등장한다. 중국식 기와를 한 5층짜리 중국 건물이다. 1902년 파리에 건너온 중국인 루Loo는 미술상으로 대성공을 거두었고, 8구가 한눈에 내려다보이는 언덕 위에 있는 대저택을 갤러리로 쓰기 위해 구입한다. 그 시절에는 건물의 외양을 주인 입맛대로 변형하기 위해 건축허가를 받을 필요가 없었던 관계로, 그는 기존의 저택에 완전한 중국식 옷을 입힐 것을 건축가에게 주문하였고, 1926년, 지금의 모습을 한 집이 탄생하게 되었다. 당시 주변의 원성은 어마어마했다. 건축에서 주변 환경과의 조화를 가장 중요하게 생각하는 이 나라 사람들에게, 파리 고급 주택가 한가운데 솟은 자금성(?)은 팔짝 뛸 일이었다. 주민들 사이에서 이 건물을 철거해 줄 것을 요구하는 서명운동까지 일어났지만 이 붉은 중

국 건물이 그곳에 들어서는 것을 막을 순 없었다. 90년이 흐른 지금, 건물은 결국 주변 풍경 속으로 녹아들었고, 이젠 이 동네의 자랑거리 중 하나로 꼽힌다. 때때로 개인의 예기치 않은 결단은 우리 삶의 풍경에 놀라운 흔적을 남기곤 한다. 중국인 화상의 대범한 결정은, 8구의 몽소 공원으로 향하는 산책길에 잊을 수 없는 이정표를 하나 만들어준 셈이다. 메종 루Maison Loo, 혹은 파고다 파리Pagoda Paris라 불리는 이 건물은 중국인 루의 컬렉션들을 소장하는 박물관이 되었다.

몽소 공원Parc Monceau

메종 루의 한쪽 편은 렘브란트 가Rue Rembrant로 몸을 두고 있다. 렘브란트 가에 서 있는 화려하고 운치 있는 저택들을 구경하며 걷다 보면, 천국 같은 몽소 공원에 닿게 된다. 몽소 공원을 따라다니는 수식어는 '파리에서 가장 우아한' 공원이다. 연못 주변에 그리스 신전의 한 조각을 가져다 떼어놓은 듯한 기둥 조각들, 무심히 눈앞에 날아와 앉는 다양한 종류의 새들, 공원을 둘러싼 아름다운 저택들까지, 몽소 공원은 샤넬 향수처럼 유혹적인 요소들로 가득한 도심 속의 꿈이다. 작은 공원 규모에 비해 제법 잘 갖춰진 어린이놀이터가 있어서, 아이들이 유난히 많이 눈에 띄는 공원이기도 하다. 때론 거기서 노는 아이들을 바라보는 것만으로 충분히 행복해진다. 외로움을 벗삼아 지내야 했던 유학 1년차, 수업

이 없는 주말이면 몽소 공원의 어린이놀이터에 앉아 아이들의 웃음소리를 비타민제처럼 흡수하곤 했다. 여름엔 밤(22시)까지 문을 열어놓는다. 더운 여름날 저녁 연못가에 누워 꿈을 꿔도 좋을 테고, 햇볕 좋은 날 샌드위치를 사와 풀밭 위에서 식사를 즐기면 이름 모를 새들이 날아와 앉을 터이다.

세르뉘치 미술관

몽소 공원에서 동쪽 측면으로 난 길, 벨라스케스 가 Avenue Vélasquez를 따라 나오면, 거기에 아담한 미술관이 하나 나온다. 세르뉘치 미술관 Musée Cernuschi은 아시아 미술을 전문으로 소개하는 박물관이다. 그러고 보니 8구는 유난히 아시아와 많은 인연을 갖고 있다. 기메 박물관이 국립이라면, 여기는 시립박물관이다(따라서 특별전이 아니면 무료로 관람할 수 있다!). 이탈리아인 세르뉘치가 자신의 저택과 아시아 예술 컬렉션을 파리 시에 기증하면서 1898년에 설립되었다. 이 박물관이 한국과 각별한 인연이 있는 것은, 1958년부터 파리에서 활동해온 이응로 화백이 이곳에 1964년부터 파리동양미술학교를 열어 이끌어왔기 때문이다. 자신의 이름을 얻는 데 급급한 대부분의 예술가들과 달리, 이응로 화백은 학교를 통해 한국화를 프랑스 땅에서 보급해 나갔다. 지금까지 어떤 예술가도 일찍이 하지 못했던 일이다. 그러나 당시 부정선거 직후 수

세에 몰려 있던 박정희 정부는 유럽 유학생들을 대상으로 '동백림' 사건이라는 간첩단 사건을 조작하고, 이응로 화백은 그들의 올가미에 걸려들었다. 이 사건에 연루되어 무고하게 옥고를 치르고 프랑스 정부의 노력으로 풀려나온 뒤, 이화백은 프랑스인으로 귀화하여 파리를 중심으로 활동하다가 1989년 페르 라셰즈 국립묘지에 묻혔다.

지난해 세르뉘치 미술관에서 열린 〈프랑스의 한국예술가전〉에서 다시 이응로 화백의 작품들을 볼 수 있었다. 그의 작품들은 파리에서 열리는 대형 아트페어에서 여전히 어렵지 않게 찾아볼 수 있다. 〈이응로〉는 여전히 국제 화단에서 지울 수 없는 또렷한 흔적을 가진 몇 안 되는 한국의 예술가이다. 이는 요동치는 한국의 현대사를 격렬하게 호흡해 온 작가의 고뇌가 동양화의 힘 있는 필묵에 담겨, 현대적 감각으로 구현되는 데 성공했기 때문일 것이다. 그러나 국민을 흑과 백으로 갈라 놓는 이 간질을 통해서만 존재하는 독재 권력은 2000년 서울에 이응로미술관이 개관되기 전까지(2005년 이 미술관은 폐관되고, 2007년 대전에 다시 문을 열었다)그의 이름 언저리에 붉은 테를 둘러 그를 금기의 공간에 가두었다. 한국에서나 한국 바깥에서나, 우린 여전히 분단국가라는 상황, 그 상황을 통치의 도구로 삼는 파렴치한 권력이 휘두르는 칼날에 몸과 마음을 다치며 살아간다. 지금 이 시간에도 여전히.

info

• 메종 루

주소 48, Rue de Courcelles 75008 Paris

찾아가는 법 지하철 2호선 꾸셀Courcelles역, 지하철 9호선 생 필립 뒤 룰Saint-Philippe-du-Roule 역

• 세르뉘치 미술관

주소 7, Avenue Vélasquez 75008 Paris

찾아가는 법 지하철 2호선 몽소Monceau역

운영시간 화~일 10:00~18:00

• 몽소 공원

주소 35, Boulevard de Courcelles 75008 Paris

찾아가는 법 지하철 2호선 몽소Monceau역

운영시간 하절기 (5월1일~8월31일) 07:00~22:00, 동절기 07:00~20:00

파리의 재즈거리,
롱바르 가 Rue des Lombards

재즈에 대한 전 지구적인 추앙 내지는 숭배의 근거를 명확히 이해하지 못한 채, 수십 년을 살아온 내가 비로소 그 배경을 어렴풋이 이해하게 된 건 강헌 선생의 책『전복과 반전의 순간』을 통해서였다. "재즈는 가장 가난한 민중의 일상에서 탄생해 주류의 문화가 된 극히 보기 드문 첫 번째 예이다." 그는 같은 책에서 또 이렇게 말한다. "재즈와 로큰롤, 그것은 노예의 후손인 하층계급 아프리칸 아메리칸과, 한 번도 독자적인 자신의 문화를 갖지 못했던 10대들이 인류 역사상 최초로 문화적 권력을 장악한 혁명의 다른 이름이다. 수십 년간 지속되던 무지의 안개가 비로소 희미해진 순간이었다."

그것은 내가 이전까지 재즈에 관해 산발적으로 접수하고 있던 모든 정보와 완벽하게 배치되는 이야기였다. 내가 아는 재즈의 이미지는 스노브Snob한 음악이다. 뭐가 있는 체, 아는 체 하는 사람들은 하나같이 재즈를 좋아한다고 말했다. 난 오히려 "재즈는 안 좋아해"라고 말할 수 있는 '용기'를 갖고 싶었다. 재즈의 신전에서 신적인 존재로 추앙되는 인물들(루이 암스트롱, 지나 시몬, 빌리 할리데이…)이 하나같이 흑인들이었으니, 재즈의 탄생이 그들에 의한 것이란 사실 정도는 알고 있었지만, 그것이 소비되는 한국이나 프랑스의 그 어떤 동네에서도 가난한 민중의 일상 엇비슷한 것의 흔적을 느낄 수 없었기 때문이다.

결정적으로 내가 재즈에 대해 혼란스런 이미지를 갖게 된 계기는 처음 가본 재즈콘서트를 통해서였다. 2000년, 파리 샤틀레 구역에 있는 뒥 데 롬바르Duc des Lombards에 몇몇 친구들과 가서 재즈 공연을 보게 되었는데, 그날의 가수는 나윤선이었다.

다닥다닥 맞붙은 테이블에 맥주 한 잔씩을 놓은 관객들은 진지하게 노래를 듣는 데 열중했다. 사회자는, 사람의 목소리야말로 가장 위대한 악기가 될 수도, 가장 고통스런 악기가 될 수도 있는 그 음악적 가능성의 폭이 극대화된 악기이며, 나윤선의 목소리를 들을 때 우리는 인간의 음성이 갖는 위대함을 발견한다고 극찬하면서 그녀의 노래를 청했다. 그리고 놀라고 말았다. 그토록 맑고 청아한 목소리로 불리는 노래 또한 '재즈'로 구분된다는 사실에. 그날 이후, 고개를 한 번씩 돌릴 때마다 나윤선은 한 발자국씩 훌쩍훌쩍 더 멀리 나아갔다. 김민기의 뮤지컬 〈지하철 1호선〉에서 탁월한 노래솜씨를 보여주던 그녀를 세계적 스타로 발돋

움하게 한 것에, 프랑스 재즈콘테스트에서 수상하면서 프랑스에서 재탄생한 한국산 여가수라는 그 독보적 존재감이 한몫 하지 않았을까 추측해본다.

2차 대전 후, 당시 프랑스 지성계에서 가장 뜨거운 이름이었던 보리스 비앙(Boris Vian, 1920-1959)의 주도하에, 미국의 재즈 뮤지션들이 대거 파리로 그 무대를 옮긴다. 파리가 유럽의 재즈 캐피탈이 되어갈 무렵, 실존주의 철학자들의 사랑방이었던 생 제르망 데프레는 동시에 재즈 뮤지션들의 아지트였고, 재즈는 따라서 실존주의자들과 그들을 숭배하는 젊은이들의 음악이 되었다. 가난한 흑인들의 노래, 크레올(흑인과 프랑스, 스페인계 미국인들 사이의 혼혈)들이 만들었다는 이 음악은 프랑스로 넘어오면서, 실존주의 철학의 아우라를 한 자락 걸치게 되었던 것이다. 그리하여 오늘의, '특히, 파리에서 만나는' 재즈는 보보(부르주아 보헤미안)스런 이미지를 얻게 된 건 아닌가 싶다.

여전히 파리는 유럽에서 재즈의 캐피탈이다. 파리와 파리 인근 도시에서는 여름을 즈음하여, 곳곳에서 야외 재즈 페스티벌이 열린다. 일년 내내 재즈 음악만 틀어주는 라디오 방송국도 있고, 재즈 바가 즐비한 거리도 있다. 그중에서도 내가 친구 따라 들어가 나윤선의 재즈 공연을 보았던 그 〈뒥 데 롬바르〉는 가장 성스러운 재즈의 성전이라고 부를 만하다. 가장 오래된 재즈 바는 생 제르망 데프레에 남아 있지만, 샤틀레역 근처의 롬바르 가에는 그 외에도 〈르 베제 살레 Le Baiser Salé〉, 〈선셋 선

사이드Sunset-Sunside〉 등 전설적인 재즈 바들이 줄지어 있다. 셋 모두 나무랄 데 없는 프로그램으로 매일 밤 뛰어난 재즈 뮤지션들의 무대를 선보인다. 입장료는 25유로 선, 공연 중 마실 수 있는 맥주는 6유로 선이다. 내 경우엔 매번 갈 때마다 현장에서 입장권을 구입할 수 있었으나, 유명한 뮤지션이 공연하는 날엔 미리 사이트를 통해 확인하고 예약하는 게 안전한 방법이다.

info

- 뒥 데 롬바르 Duc des Lombards

주소 42, Rue des Lombards 75001 Paris
홈페이지 www.ducdeslombards.com

- 르 베제 살레 Le Baiser Salé

주소 58, Rue des Lombards 75001 Paris
홈페이지 www.lebaisersale.com

- 선셋 선사이드 Sunset-Sunside

주소 60, Rue des Lombards 75001 Paris
홈페이지 www.sunset-sunside.com
찾아가는 법 지하철 1, 4, 7, 11, 14호선 샤틀레Châtelet역

테러,
하나

2015년 1월 7일 아침, 파리에서 테러가 발생했다.

2차 대전 이후 파리에서 벌어진 최초의 총격전이라고도 했다.

신랄한 만평으로 유명한 시사만평지 『샤를리 에브도』는 반종교, 반권위주의, 아나키스트 언론의 대명사다. 이 신문은 언제든 자신을 조롱하는 걸 참지 못하는 누군가에 의해 살해협박을 받고 있었으니, 이슬람 근본주의자들로부터 살해협박을 받고 있다고 해도, 아무도 특별히 신경 쓰지 않았다. 다만 아직도 그 신문을 구독하던 소수의 사람들이, 만평이 예전만큼이 아니라고 투덜댈 뿐이었다.

수요일 아침 편집회의에 모인 언론인들을 죽인 테러범들은 차를 타고 달아났다. 그날 오후 아이를 찾으러 간 학교 교문 앞, 자기 아이가 나오기를 기다리는 모든 부모들의 얼굴엔 살 떨리는 불안과 허공에서 라이터를 켜면 불이라도 붙을 것만 같은 히스테리가 어른거렸다. 부모들은 자신의 아이 손을 낚아채듯 잡아 허둥지둥 집으로 향했다. 이 나라 사람들이 집단적으로 허둥대는 모습을 본 것은 그때가 처음이었다. 우리가 당한 일이 무엇을 의미하는지가 분명해졌다. 그들은 두려움의 씨앗을 이 느긋한 사람들에게 던진 것이다. 이것이 미움과 증오, 공포로 번지지 않게 하기 위해 무얼 해야 할까?

고민의 시간은 길지 않았다. 바로 그날 저녁, 오후 5시부터 사람들은 광장에 모여들기 시작했다. 아무도 그들을 불러내지 않았지만, 사람들은 거기 모여서 한 입으로 "나는 샤를리Je suis Charlie[1]다"라고 말하기 시작했다. 사람들은 어둠이 빛을 이기는 걸 원치 않았다. 폭력이 평화를 이기는 걸, 침묵이 대화를 이기는 걸 참을 수 없었다. 범인들은 잡히지 않았고, 위대한 알라신의 이름을 걸고 무엇이든 할 준비가 되어 있었다. 다음날부터, 거리의 전광판, 광고포스터, 심지어 고속도로 안내 전광판에까지 "나는 샤를리다!"가 내걸리기 시작한다. 파리 시내 모든 광고판들이 광고를 잠시 멈추고 같은 목소리를 내기 시작했다. 심장부에 구멍이 뚫리는 듯한 상처가 순식간에 축제의 흥분과 감격으로 변하기 시작했다. 수많은 자책과 반성, 분석, 그리고 눈물들이 그다음 시간을 메웠다. 유대인 교회나 학교, 식품점 앞에 무장한 군인들 서넛이 서 있기 시작했다. 그들은 점점 더 무료해 보였고, 사람들은 그들의 무료함을 지켜보는 일을 점점 피곤해 했다. 이틀에 걸쳐 17명의 사망자를 발생시킨 테러의 악몽은 그렇게 희미해져 갔다.

각주1) 샤를리에브도의 '샤를리'는 신문의 설립자가 만화 스누피에 나오는 주인공 '찰리 브라운'을 너무 좋아해서 붙인 이름. 찰리의 불어식 발음이 샤를리다. 에브도는 그냥 주간지란 뜻.

테러,
둘

2015년 11월13일 금요일 저녁. 한 캄보디아 국수집을 향한 총격전이 있었다는 뉴스가 전해진다. 나도 가서 먹은 적이 있는, 캄보디아 음식점 '쁘띠 캄보디아'. 눈곱만큼도 그것이 130명의 사망자를 낸 대형 테러의 시작일 거라곤 생각할 수 없었다. 그러나 그것은 세 군데에서 동시 다발로 시작된 또 다른 IS대원들의 테러였다. 식당에, 카페에, 극장에, 바에 앉아서 금요일 저녁의 나른한 휴식을 즐기던 총 19개 국적을 가진 130명의 민간인들이 사망했다. 파리 시가는 순식간에 피로 물들었다. 대통령은 그날 밤 국가비상사태를 선포한다. 테러범들은 현장에서 죽거나 달아났다. 시시각각 늘어가는 사망자 수를 세다 날이 샜다.

다음날, 나는 한국 방송사의 요청으로 바타클랑 극장 앞까지 가서 전화로 인터뷰를 진행했다. 내가 서 있던 보도블록에도 차마 마르지 않은 피가 흥건히 고여 있었다. 하루 종일 온갖 설들과 추측, 과장 보도들이 한국과 프랑스에서 쏟아져 나왔다. 피를 흘리며 비틀거리는 사람들을 도와 주고 숨겨준 카페 주인들, 테러 인근지역의 주민들, 헌혈을 하려고 줄을 선 사람들 이야기도 전해졌다. 숨죽이는 속에서 다음 날이 지나갔고, 일요일, 파리답지 않은 눈부신 해가 파리지앵들의 등을 떠밀었다. 사람들은 모두들 밖으로 나왔다. 공화국 광장에서부터, 테러가 벌어진 골목골목들이 인산인해가 되어 넘쳐나고 테러현장은 금새 초와 꽃다발들로 둘러싸였다. 거리에 나온 그 어느 누구도 증오를 말하지 않았다. 우리에게 더 필요한 건 '사랑'이라고 모두가 입 모아 말하고 있었다.

"무슨 일이 일어나야 한다면, 일어나리라. 그러나 우린 그때까지 우리의 삶을 즐기리라." 파리 사람들의 머릿속을 관통한 한 가지 생각이 있다면 바로 이것이었다. 카페 테라스에 앉아 와인을 마시다가 총에 맞아 죽는다 해도, 난 다시 카페 테라스에 가 앉는 걸 포기하지 않으리라. 관광객들이 잠시 발길을 주저하는 바람에 파리는 잠시 한가해졌으나, 일주일도 되지 않아 평온을 되찾았다. 이젠 백화점이나 상가 등에 들어갈 때, 경비원들이 외투를 열어보라고 해도, 가방을 열어보라고 해도, 사람들이 귀찮아하지 않는 게 달라진 점이다. 두 번째 테러가 파리를 휩쓴 뒤, 석 달 동안 갑자기 베스트셀러로 등극했던 책은 젊은 날의 가난한 문학청년 헤밍웨이가 쓴 '파리는 날마다 축제'였다. 카페 테라스에 가기, 다시 극장에 가기, 다시 거리를 활보하기가 파리를 사랑하는 시민들의 미션이 되었다. 2016년 2월, 86퍼센트의 파리지앵들은 테러 전과 테러 후의 삶에 아무런 태도의 변화도 없었다고 답했다.